古巴家書

古巴家書

兩個家庭的傷心史

雷競璇 編

香港中文大學出版社

《古巴家書：兩個家庭的傷心史》
雷競璇　編

國際統一書號(ISBN)：978-988-237-171-2

出版：香港中文大學出版社
香港 新界 沙田・香港中文大學
傳真：+852 2603 7355
電郵：cup@cuhk.edu.hk
網址：cup.cuhk.edu.hk

Letters from Cuban: Heartbroken Histories of Two Chinese Cuban Families (in Chinese)
Edited by Louie Kin-sheun

ISBN: 978-988-237-171-2

Published by The Chinese University of Hong Kong Press
The Chinese University of Hong Kong
Sha Tin, N.T., Hong Kong
Fax: +852 2603 7355
Email: cup@cuhk.edu.hk
Website: cup.cuhk.edu.hk

Printed in Hong Kong

目 錄

編者前言

本書收錄的，是兩則和華僑有關的故事，內容都傷感。

第一則來自我自己的家庭，主要經由我父親遺留的家書呈現。雖然直接出於當事人筆下，但由於家書不是寫給外人看的，於是內容上也就有既坦率也晦澀的味道，我為這些信件所寫的註釋和附記，希望能夠幫助讀者更好地明白故事的情節。

第二則來自譚震勝先生的口述，內容是譚家三代的經歷。由於是追憶，枝葉雖然不如第一則繁富，但主幹更清楚明朗，也就不大需要我這編者過多的解說和補充。

這兩則故事剛好能夠相互對照和填補，我父親的書信，主要反映華僑自身在外的處境和心境，漂泊異域，難免困難；而譚先生的敘述，集中敘說留在家鄉的眷屬如何經歷和面對諸種考驗，一家之主的男性遠去，寡助的婦孺便要艱苦支撐。兩則故事放在同一本書內，也就得以比較完整地呈現華僑及其家庭的生存狀況。

兩則故事都和古巴有關，在海外眾多華僑群體中，古巴華僑有其獨特之處，基本上是一個「以悲情始，亦以悲情終」的故事，這一點我在其他地方已經討論過。[1] 由於家庭背景的原因，近年我自己對追溯古巴華僑歷史頗下了點工夫，對當中的滄桑也有一定認識，本書是我在這題目上所出版的第四種。[2]

在中國歷史上，華僑是個比較晚近才出現的群體，大概從明代開始，到了鴉片戰爭之後才逐漸受到注意，對之做過研究的學者頗有一些，其中美國孔復禮（Philip A. Kuhn，又譯孔飛力）2008年出版的 *Chinese Among Others: Emigration in Modern Times* 我認為是視野比較廣闊、能綜合前人研究成果的專著，[3] 另王賡武先生的有關著作也很值得參考。整體而言，以我自己閱讀所見，對於華僑的研究基本集中在宏觀層次，屬於現在所說的「大敘事」範圍，關心的是華僑這群體在政治、經濟、社會等方面的角色和貢獻，很少會從微觀角度考察華僑以及華僑家庭的處境和生存面貌。我現在編纂的這本書，是這種市井庶民層次的「小論述」，近乎引車賣漿者流的故事，古人有「雖小道，亦有可觀者焉」的說法，我是勉力而為，希望稍能沾邊。

---

1 雷競璇：〈古巴：一頁獨特的華僑史〉，《二十一世紀》，總第154期，4月號（2016），頁98–110。

2 前三種為《遠在古巴》（2015年）、《末路遺民》（2016年）、《十九世紀古巴華工》（2016年）。

3 此書有中譯版，李明歡譯：《華人在他鄉：中華近現代海外移民史》（台北：臺灣商務印書館，2019）；《他者中的華人：中國近現代移民史》（南京：江蘇人民出版社，2016）。

背景素描：古巴與華僑

- ★ 古巴，位於美洲中部加勒比海，在地球表面大致是廣州的背後。
- ★ 1492年(明弘治五年)，哥倫布到達古巴，其後古巴成為西班牙殖民地。
- ★ 1847年(清道光二十七年)，亦即鴉片戰爭之後不久，五百多名華工被運抵古巴，華僑在當地的歷史正式開始，時間比中國人到美國西岸淘金略早。
- ★ 1847至1874年這二十七年間，為數約十四萬華工被販運到古巴，在當地基本上被當作奴隸看待。1874年(清同治十三年)清政府派遣官員陳蘭彬到古巴調查華工境況，之後與西班牙交涉，才終止了這一段人口販運的歷史。
- ★ 華工販運在1874年結束時，十四萬華工當中仍存活的只有六萬左右。

★ 自此之後，華僑在古巴一直是西班牙裔、非洲裔之後的第三大群體。人數時多時少，大致徘徊在三萬至六萬之間，長期是美洲大陸為數最多的華僑社群。

★ 1902年(清光緒二十八年)古巴正式脱離西班牙統治，成為獨立國家。

★ 第二次世界大戰結束後，古巴的華僑社會進入鼎盛期。

★ 1949年中國大陸解放，之後逐步收緊國民出國的政策，大約從1955年開始，基本上再沒有中國人從大陸移居古巴。同樣地，由於國內實行共產主義，華僑極少回國，過往出洋後回鄉娶親生子，以及年老時回鄉頤養的傳統基本中斷。

★ 1959年1月1日古巴革命勝利，卡斯特羅上台執政，接著和台灣的國民政府斷交，改為承認中華人民共和國，是美洲大陸第一個和新中國建交的國家。

★ 古巴革命後，開始推行社會主義，實行公有制，華僑的店鋪、企業逐步被收歸國有。對於華僑匯出款項回鄉接濟家屬和親人，亦開始嚴格管制，最後全面禁止。

★ 1959年之後，不少華僑離開古巴，由於再沒有新的華僑前往，古巴的華僑社會進入消亡期。本書主角雷炳勳、譚摘相、譚摘匡即分別在1966、1967年離開古巴。

★ 2010年本書編者第一次到古巴，得知當地華僑剩下大約三百人。

★ 本書出版之時，老華僑人數已不足一百。

甲部　父親的家書

1958年第一封信，郵柬，封面及封底。（見頁35）

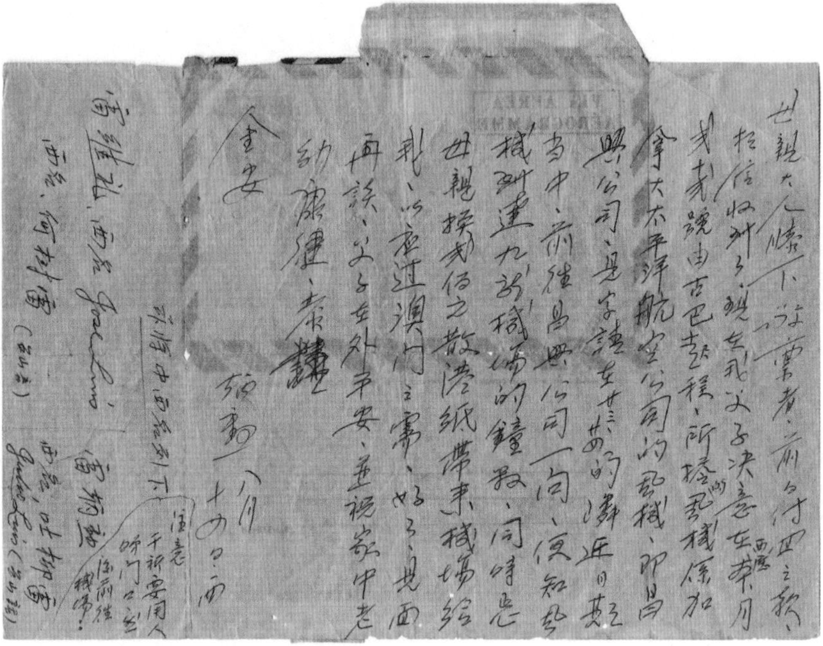
世親大人膝下：敬稟者，前付四之款，
於信收到了。[illegible]我父子決意在[illegible]月
我們號由古巴起程，所搭的飛機係加
拿大太平洋航空公司的飛機，即昌
興公司。是字請在廿五的[illegible]近日起
由中、前往昌興公司一問，便知我
機到達九龍機場的鐘數，同時忠
母親換我信之散港紙帶來機場給
我，以應過澳門之需，好了，見面
再談。父子在外平安，並祝家中老
幼康健、泰[illegible]
金安
孩[illegible] 八月十四日西
永得中西名列下：
雷維弘，西名 Joaquim，
西名：何封雷（[illegible]）
雷炳彭，西名：叶柳雷 Julio Lau（[illegible]）
注意：千祈要用人[illegible]門口[illegible] 係前往機場！

1959年第18封信，郵柬，內頁。（見頁64）

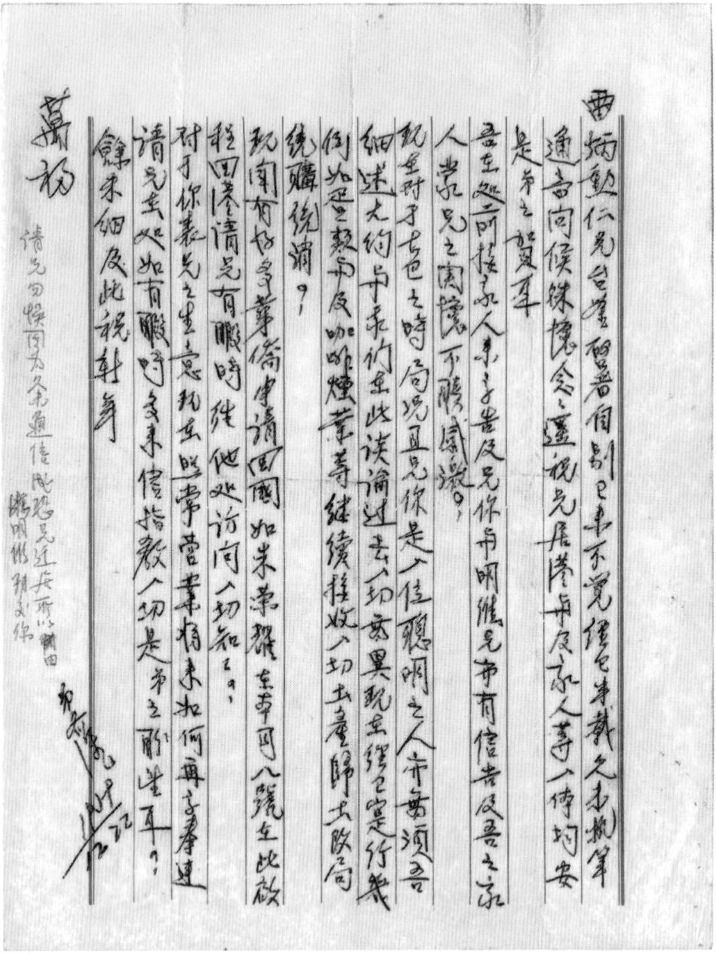
西炳勳仁兄台鑒 暌離甫別已來不覺經已半載久未執筆
通音問候殊深懷念之遙祝兄居港身安家人等一律均安
是弟之賀年
吾在此所接家人來信告及兄你亦明儀兄亦有信告及吾之家
人蒙兄之關懷不勝感激。
現在對于古巴之時局現兄你是一位聰明之人亦無須吾
細述大約半年來約在此談論過去一切[illegible]現在經已是行將
倒如[illegible]之類弟及咖啡煙業等継續接收一切土產歸古政府
統購統銷。
現聞有好多華僑申請回國如未[illegible]東亦可八號在此啟
程回港請兄有暇時往他處訪問一切知之。
對于你表兄之生意現在照常營業將來如何再行奉述
請兄在此如有暇時多來信指教一切是弟之所望耳。
餘未細及此祝新年
萬福

1959年12月一位名齊深的友人從古巴寄給我父親的信。（見頁67）

1959年底的合家照。我父親在這一年的8月下旬來了香港。

1960年中的合家照，攝於父親返回古巴前夕，此時四弟健雄剛出生，母親將他抱在懷中。

1968年的合家照，此時父親已患病，顯得憔悴，母親則懷了么妹。父親在此年11月去世，時么妹誕生三個月。

1968年父親的留影。

簡介

這部份收錄我們的家書約二百通，除了一份出於我祖父筆下外，其餘都是父親從古巴寄回來的。我在這裡將有關背景稍微說明，以便大家易於閱讀和明瞭。

我們家族原居廣東台山黃茅田復盛村，自晚清開始，台山人往海外謀生者甚眾，當中前往美國、古巴者尤多。據長輩憶述，我家高祖父已出洋尋覓生計，有一定積累之後，返回家鄉，置有田地，其子即我曾祖父享餘蔭，優游度日，並染當時氣習，吸食鴉片。我祖父名維禮，1892年生於家鄉，其後出洋，在何年出洋已無可考。據長輩憶述，他在美國加州當廚子，後回鄉結婚，其妻即我祖母名袁金瑞，1896年生。祖父婚後再出洋，據說進入美國境時受到留難，這可能與當時美國的排華措施有關，祖父於是轉往古巴，之後一直在當地謀生。當時華僑絕大多數隻身出洋，不帶家眷，掙得一定積蓄後便回鄉結婚、置產，然後再外出，順利的話晚年落葉歸根，回鄉養老，我祖父情況即如此。他婚後再出洋時我父親是否已出生，無法確知，但由於夫妻長期分離，我祖父只生我父親一人，這也是當時華僑家庭的常態。現在閱讀這些家書得知，我祖父在古巴西部的Piñar del Rio工作，這是著名的煙草產區，相當富庶，祖父任職於美國會所（Club Americano），估計也是當廚子。

我父親名雷炳勳，字家滋，生於1920年，由於有我祖父從海外接濟，他得以在家鄉上學，據説讀至初中。之後並在家鄉結婚，我母親名李雪芳，字鳳娣，1928年生，推算我父母結婚應在1948年前後。1954年我父親離開家鄉前往古巴，此時他已生下三個兒子，即我本人、二弟競初、三弟競斌，父親並按當時習慣，為我們各人取字，分別為春文、夏經、秋武。

在祖父照應下，我父親在1954年中到達古巴，在哈瓦那（當時華僑稱之為「夏灣拿」，簡稱「灣城」）謀生，據家書反映，他在雜貨店工作，這也是當時古巴華僑的主要行業之一。我2010年去了古巴，在哈瓦那的中華總會館找到父親當年的登記記錄，他填報的職業也是雜貨，但究竟是替他人打工抑或自己經營，則未能確知。

1955至1956年間，我祖母、我母親分別帶領我們兄弟三人到香港定居，現在保留的家書，都是之後寄來香港的，祖父、父親早年寄回家鄉台山的書信沒有保留下來。故此，現存這些家書時間上從1957年開始，只有祖父的一封屬1955年。

1959年8月，祖父和父親來到香港，隨後在九龍旺角一幢新建成的大廈買下一個單位供全家居住，這在當時，是相當光彩的事。其實這一年的1月，古巴已發生革命，政府更換。祖父、父親二人能在這樣的政治環境下前來香港，並在回港之前將數額可觀的款項匯回來，現在回顧真也是非常幸運。祖父來香港時，六十七歲，因為年邁，之後就住在香港，沒有返回古巴。父親則於翌年即1960年8月再赴古巴，此時古巴革命已一年多，有幾位友人從古巴寄信到香港給父親，提示他小心古巴的局面，這幾封信現也保留下來，但父親還是決定回去，他當時的考慮在後來寄回來給我母親的書信中有所透露。父親在港居留期間，多生了一個兒子，即我四弟健雄，父親為他取字冬偉。四弟出生兩個月，父親便回轉古巴。

1960年8月重返古巴之後，我父親就逐漸發覺難以脫身，他當時的掙扎情況，書信中有相當詳細的披露。經過一番折騰，他最後在1966年中回來香港，在之前的2月，我祖父在香港逝世，享年七十三歲，祖父的離世應是促使父親最終決定回港的原因之一。他回港的過程也多波折，由於持台灣國民政府護照又沒有香港居留身份，他是先去了澳門，再從澳門偷渡來港。現存的書信止於他離開古巴返回香港的前夕，最後一封寫於1966年6月20日。

回到香港後，父親處於一籌莫展的困境中，不久之後患上肺癌，1968年11月逝世，享年四十八歲。在港居留約兩年期間，他生下第五個孩子，此即我五妹，父親為她取名綺梅。當時父親已病重，由於迷信原因，五妹出生後托養在我姨父家中，父親沒有見到。綺梅出生後三個月，父親離世。因是之故，綺梅的名字沒有出現在這些家書內。

我祖母袁金瑞於1982年在香港逝世，享年八十六歲。

我和弟妹們本來不知道家中留有父親這批家書，2004年3月我母親離世後，我們整理她的遺物，才將之發現，家書大部份寫在郵柬上，這種郵柬由於郵資較低，當時很常用，現在已經基本不用了。我們將書信整理好之後，在2017年9月交香港中文大學圖書館庋藏，以供教學、研究等之用。對於後人了解一位華僑的經歷和處境，這批家書相信有一定參考價值。

為了將之出版，我們對家書內容作了基本釋讀，並將全文輸入為文字檔，對信中所用的台山方言用詞和涉及的人名、地名等，就我們所知作了扼要的註釋。整理這些家書，最大困難在於確定部份信件的年月和次序，大體而言，憑郵戳、信內書寫的日期，以及信的內容，大部份都能確定，其餘的只好憑我們的推斷，不一定準確，幸而也不嚴重影響理解。在釋讀的文字檔中，每封信開首有簡介，對未能確定日期、次序者亦略作說明。為了幫助讀者理解有關的背景，對部份家書我撰寫了附記。

現將書信中涉及的主要人物表列如下：

雷維禮：	我祖父，1892年10月19日生， 1966年2月9日歿，享年七十三歲。
袁金瑞：	我祖母，1896生1月30日生， 1982年6月26歿，享年八十六歲。
雷炳勳，字家滋：	我父親，1920年9月20日生， 1968年11月27日歿，享年四十八歲。
李雪芳，字鳳娣：	我母親，1928年4月22日生， 2004年3月30日歿，享年七十五歲。
李雪珍，字順意：	我姨母，即我母親妹子，1932年生， 2017年歿，享年八十五歲。
黃灼天：	我姨丈，即我母親妹夫，1929年生， 2004年歿，享年七十五歲。

雷競璇，又作健璇，字春文：我，1951年生於台山。

雷競初，又作健初，字夏經：我二弟，1952年生於台山。

雷競斌，又作健斌，字秋武：我三弟，1954年生於台山。

雷健雄，字冬偉：我四弟，1960年生於香港。

整理書信內容所用符號如下：

更正錯、白字：在該字或該詞後用（）號標示；

無法辨認的字：在該字後用（？）號標示；

缺失、憑判斷補上的字：用〔〕號標示；

缺失但無法補上的字：用〔…〕標示。

1955

按：以下一信由我祖父寄給我祖母，寫於信紙上，一頁，信封已不存；信末寫有「十二月一日」，無年份，信內提到我父親「來到古巴」，又有「料想居港平安」、「居港保重身體」、「不敢抽身回港聚會」等句，按我父親在1954年去古巴，祖母和我翌年移居香港，故推斷此信寫於1955年。此為我祖父存世唯一書信，他具體何年到古巴，已無從查考。

金瑞賢內助覽：啟者，料想居港平安，現下父子二人在外康強，見字無容掛念，但炳勳兒子到來古巴，一舉一動循規道（蹈）矩，料理生意非常盡責妥當，便無閒遊散步，本人見佢性情最合，非常歡喜安心，將來前途定然樂觀之道。現下你我兩人年事以（已）高，千祈不要操勞工做，亦不可觀念家庭過甚，總至（之）居港保重身體，朝魚晚肉，安樂過三五七年，亦作了事，何苦遠慮？何必掛心？如無銀用，並來一音，定然從速付回應用便是。現下中國紛紛亂亂，不敢抽身回港聚會，遲下世界平靜，定奪而妥當，然後買舟旋唐，重逢敘會。見字放心，千祈保重身體為上策，緊記吾言，是為至要。即請。十二月一日。愚夫維禮〔…〕付。

附記：閱讀這封信，不難感覺到祖父與祖母之間，以及祖父與我父親之間，相當生疏，在往後的家書中，也再見不到祖父寄回來給祖母或我們的信，我父親雖然甚為勤於執筆，但都是寫給我母親和我們兄弟為主，寫給我祖父母的相當稀少。這種關係生疏的情況在華僑家庭當中其實很常見，出洋謀生的男人沒有多少日子在家鄉和妻子、兒女一起生活，長期相隔，自然變得生疏。我祖父沒有兄弟，只有一個姐姐，我父親是獨子，沒有兄弟姐妹，這種子女稀少的情況在華僑家庭中也是普遍。我父親由於得到我祖父在外接濟，可以在鄉下安穩地上學讀書、結婚並生下三個兒子才遠蹈重洋，可說是相當幸運。

1957

1957–1

按：此信寫於信紙上，信封已不存。寫給我祖母。

媽媽：

前日接到你的來信，三誦之下，適在吃餐的時候，使我連朧[1]吃多一碗飯了，此是什麼緣故，因為過去給我的信，未曾按上有慈母袁氏的名字，此次活現到我眼睛裡，須(雖)然，是求他人代筆，[2]亦是出在我銀髮慈母的口氣，同時，還符合我的願望和心情，故此特來一個對照，向媽媽談談吧！

媽媽：請再教。

茲付來金銀壹佰大元，[3]見字往廣英源[4]支取，倘若收到，即速回覆，接著的好快又有信給你了。萬望安心居港，我一定有個良好的按(安)排，見字安心為要。

並夾來相片二張，前付的一張，是在1956攝的。現在的一張，是1957映[5]的，我當每一個農曆正月，就去映一次，該种的做，[6]中心任務和出發點，拿起相看，就了解我的頭髮快要白

1 台山話用詞，「連朧」即「接連」之意。

2 我祖母為文盲，故需人代筆寫信。

3 指一百美元或一百古巴元，當時美元和古巴元幣值相等。

4 廣英源為當時一間「金山莊」的名字，地址為香港上環德輔道中310號。這種商號的業務之一是為華僑將匯款轉回家鄉。所見原文如此。

5 廣東話「映」即「拍攝」之意。

6 原文如此。

了，怎樣爭取加緊完成我的美麗願望，和光陰一齊賽跑，時刻印在我的腦海中，搾緊[6]時間，達到『父母妻子慶團圓，親朋戚友醉佳節』的志願哩，該辦法好不？請教，媽媽：好了，下次再談。

父子在外平安，並祝家中老幼旺相。

兒炳勳

1957. 3. 29

附記：我父親從古巴寄回來的家書，屬於廣義的「銀信」，這是流行於廣東四邑的叫法，潮汕一帶則習慣稱之為「僑批」，指的是從海外將金錢匯回家鄉時，附帶一封信件。晚清開始的出洋中國人一般讀書很少，加上當時郵遞不發達，華僑在外很少寫信回鄉，寫的話也是說話不多，很簡短，這和長期和家人相隔、不知從何說起也有關係，故此「銀信」的書信部份一般只是略報平安和說明一下金錢如何分配，餘言不多。我父親的信算是例外，他讀書較多，結婚有年才出洋，和我母親感情較深，另外還有我們三兄弟，故此他的信寫得比較長。關於銀信，參見劉進：《台山銀信》，台山歷史文化集，第三編（北京：中國華僑出版社，2007）；李柏達：《台山銀信檔案及研究》（廣州：暨南大學出版社，2017）。

6　「榨緊」為台山話，即「抓緊」之意。

1957–2

按：此信與以上1957–1信日期相同，料兩信以同一信封寄發。此信亦寫於信紙上，信封已不存。信寫給我母親。當時母親帶領二弟、三弟剛來港不久，我則與祖母在之前已經來港定居。

鳳娣：

剛才接來灼天[1]的來信，適值我去信問你們出港情況的第五日了。襟弟來信云及：你們已經抵港了，但何時何日，然然不知，[2]接著我就馬上出灣城[3]匯款了，你為什麼拖延懶懶執筆呢？莫非因路遙疲勞，因有小孩攜帶，我會相信哩？是不？或是有不敢告人的事，抑或厭我前信向你罵一頓，現在請你寬恕，即此(使)我有錯，出發點謂(為)誰，你深入試想一想，就能得出結論了。主要中心，就是要你慳一些，為我們將來計，築成美滿的基礎，把我家的窮根，從此永遠斬斷，現值我們的初步工作，一定掌握著積少成多的第一個階段，方能完成我們的願望，對不？請諒……

關於競璇、競初，年齡適合讀書的時候，可否就教他們入學，[4]但他們年紀小，出入不比鄉村間一樣，來往學校一定培(陪)伴著他，免至發生危險。同時，還希望在課餘的時候，加

---

1 「灼天」即我姨丈，亦即我父親的襟弟。

2 原文如此。

3 灣城即夏灣拿，現正式譯名為「哈瓦那」。據此得知我父親當時不在夏灣拿工作，應在郊外地方。此處指上一封信所説的匯回一百元。

4 此年我倆分別為六歲和五歲。

緊加以指導，將得深入學習，[5]將來必勝一稠（籌），千祈做到，最為要也。

前日付來的相片，我已經收到了，對競初的相片，我感覺非常喜歡，但對競斌的相片，似乎弱一點呢？是不是因為在大陸營養不足的緣故，請即刻加以調補，是為父親唯一的切實指示。

我每當天上月圓的時候，舉頭望著那圓圓又亮的明月，我就觸起了我的家人，[6]立刻拿起你們的相片來看，所以「每當月圓人再會」的一句話，時刻活在我腦海中，現在可能抽空暇的時候，下次和三兄弟映一張，另映壹張合家相，付來給我看看，好了，下次再談吧，時間亦不容片刻長寫下去，我又要開始工作了，再會，並祝愉快。

炳勳

1957. 3. 29

5 原文所見如此。

6 原文所見如此。

1957–3

按：此信寫於航空郵柬上，給我祖母，寄「香港上環德輔道中三壹〇廣英源金山莊方富恭先生收轉交雷炳勳母親啟」。信中有幾句話，說得比較隱晦，涉及我祖母和我母親之間的婆媳關係。

母親大人膝下敬稟者：未見音問，瞬將兩月，料想老幼起居迪吉，那是兒所愉快者也。我父子居外平安，諸事蒸蒸日上，見字請母親安心居港，享受晚年安樂的幸福，是兒的深深厚望也。現在茲有一個問題，以(與)[1]母親商量一下，兒意欲購樓一層在九龍，安定家人的生活，安心久居香港，亦是狡兔三窟之尾穴也，未知母親意下如何，請即來信答覆。如同意者，請即與方富恭[2]及灼天商量一下，時價如何，順字報及。母親：當今世界，欺貧重富，務須帶著雪亮的眼睛，自己要睇重自己人，兒現在向你一談，對家庭上一切的一切舊物，[3]不用擔心，待我下日回鄉時，定然重整一新。媽媽：再遲兩年後，不能超出三年，一定回來見你了。請愉快，[4]恭請

金安

男炳勳

1957西 五月十九日

1 台山話「與」、「以」同音。

2 這位方富恭先生在以後的信中還多次提到，當時經營廣英源金山莊；據網上查得資料，方富恭在1941–42(辛巳)和1942–43(壬午)這兩年出任東華三院總理。

3 原文如此，「舊物」指我們離開鄉下後仍留在鄉間的物品。

4 原文如此。

附記：信中「當今世界，欺貧重富，務須帶著雪亮的眼睛，自己要睇重自己人」這幾句說得隱晦，所指是我祖母和我母親之間的婆媳關係，我從孩童時開始就目睹兩人的不和，至今猶印象深刻。婆媳關係不佳，這在從前社會相當常見，華僑家庭由於男主人在外，婆媳之間更容易產生矛盾，一般而言，婆婆處於強勢，她既是長輩，海外匯回的金錢多數由她收納和控制，媳婦只得吞聲忍氣。聽我姨母說，我母親入門之後日子就不好過，常被我祖母責罵，我父親性格比較懦弱，不敢違抗我祖母。母親懷上的第一胎不幸流產，被我祖母趕到野外。我們還在家鄉時，祖母住在另一間屋，和我們不在一起，這種相隔在我們移居香港後不再存在，一家多口同一屋簷下，婆媳之間磨擦更多，加上從農村流入城市化的香港，不容易適應，生活壓力大，情況愈益惡劣。我從小開始就看到祖母、母親之間不互相說話，祖母不時破口大罵，母親不還口，只能躲開。婆媳不和，我父親當然知道，在以下的書信中他也一再提及，主要是規勸我母親忍讓，希望息事寧人。

1957–4

按：此信寫於信紙上，信封已不存。寫給我祖母。

母親大人膝下敬稟者：忽接來信，概以朗視，對購樓事，奈因現值工作甚忙，同時候我家父未能及時出灣城嗟(磋)商，故此未及刻即匯回應用。好了，待下月家父出來時，應如何進行，當即原數匯來，以應購樓之需，見字放心。[1]

在本月八號，我有美金二十元，交朱煥棠先生帶回交你，收到否？朱先生是我的志(知)己良朋，或在短期間，可能返回古島，下日如有事須(需)要商量，不防(妨)拜訪一下朱煥棠，好不？

媽媽，現在付來美金壹佰四十元，以應家中之需，惟對大陸個別親人，應如〔何〕照料，請媽媽做主，兒不須多贅，見字由〔你〕進行，對不？[2]

---

1 移居香港後，我們租地方居住，條件相當惡劣，這在上世紀五十年代的香港，其實非常普遍；在這封信中，我父親說及購樓的打算，其時我祖父已在古巴工作多年，我父親此時亦已經在古巴三年，兩人有了一定積蓄，可以計劃自置居所，這一則反映了中國大陸解放後，華僑家庭逐漸放棄先輩們回鄉養老的習慣，另一則也反映了華僑當時在古巴謀生相對還是容易，努力幾年，可以在香港置業，後面這一點是我近年在古巴和老華僑訪談時了解到的。

2 從前出洋的華僑除了匯款接濟在鄉的家人外，還會顧及親戚，視之為自己責任的一部份，這一點閱讀當時的銀信，可以清楚看到。我父親在往後的家書中不時提及如何接濟仍在鄉間的親屬。

媽媽：不孝兒的我，遠去高飛，上則辜負親恩，下則拋棄幼兒，此類漂泊天涯慘狀，實屬人生苦事，未知何時，能(?)屈膝談心，惟有請母親加剖(倍)精神，照料我的兒子，如有身體衰弱，請即馬上補養，如用去銀若干，在外願負完全責任，見字放心為要。同時還希望母親做到朝魚晚肉的享受，來過著人間美滿生活，保重身體，是兒迫切厚望也，好了，下次再談吧！

金安

兒炳勳 1957. 6. 24.

1957–5

按：此信與上一封日期相同，料兩信以同一信封寄發。此信亦寫於信紙上，信封已不存。信寫給我母親。信的內容再一次反映我祖母、我母親之間的婆媳矛盾。

雪芳：

剛才接到你的信，內情全面明白，當時(？)我的精神上，受到大(？)的打擊，我曾經三令五申，務須逆來順受，孝字為先，保守和氣一團，目下環境，家庭上須(雖)屬缺乏主持男子，但每一件事上面來說，望你千祈容忍，這話對不？請討(考)慮。

現在請你如有特殊急需情況，請你往方宗伯富恭處，[1]提支些少，應付燃眉之須(需)，否則，不能任意動用，務須通曉在外的千辛萬苦，請你原諒我吧！父子在外平安，並祝家中老幼旺相，好了，下次再談。

愉快

炳勳 1957. 6. 24.

---

1 雷、方、鄺三姓自視為同宗，故此處稱之為「宗伯」。又閱讀此信及上一封信，即知我父親匯回的款項主要交給我祖母，要給錢我母親時，得另作安排，而且不讓祖母知道。

1957–6

按：此信寫於航空郵柬上，寄給我母親，寄到九龍深水埗欽州街五十號二樓給我姨丈黃灼天再轉交我母親。當時因為集郵，我將郵柬上貼有郵票的一小片撕去，幸而沒有引致內文缺失。

雪芳：

前幾天我以（已）匯回金銀壹佰四十元，[1] 如收到時，在答覆時順便夾來前經照的合家相片一張，[2] 給我一睇，因前日付來的一張，寄給我的家父，故所以沒有在我手中，現在我要一只看看，倘若沒有的話，無謂再映，免至浪費，好了，下次再談。

前信對你略談，希望同情我在外的勞苦，父子在外平安，並祝

愉快

炳勳 1957. 6. 30.

1 此應為美元。款項經姨丈轉交，也是為了不讓我祖母知道。

2 原文如此。

1957–7

按：此信亦以郵柬寄給我姨丈轉交我母親。因我集郵關係，郵柬上貼有郵票的一小片被撕去，內文有數字因此缺失。

雪芳：

頃接你的來信及相片一張，全以(已)收到，茲又由灼天處轉付來港銀二佰大元，見字祈查照收，以應需用，惟對買手錶方面，千祈購只比高(較)好的，免至後來多跟手續。對於入工廠做工，我亦十分同情，正所謂大家(？)可船浦的道理，[1]還有最突出的要求，務須站穩立場，須存美滿的婦道，曉得大城市的環境，思想上邊片刻提高警惕，此是我平生望也，待我稍得微利的蠅頭，定有思鄉之思想也，好了。

現在參加何地工廠，及何種工作，每日工作時間如何，順來字報告一下，[2]否則，請往廣英源叫方富恭宗伯介紹工作，保證有工可做，你要明白，方富恭是香港大地大名最最的紳士，〔…〕重為要，好了，即覆，下次再談吧。

愉快

炳勳 1957〔…〕

1　原文如此。

2　我母親後來去了深水埗順寧道的中華手電筒工廠工作。

1957–8

按：此信以郵柬寄到廣英源轉交我祖母收，此時期我們初到香港，居處不固定，故此信件寄到匯款的金山莊轉交。

母親大人膝下敬稟者：昨接來函，概以(已)明悉，在該意見下面，正想回鄉一轉，但兒思想有點顧慮，試想人生世上，不過數十寒暑，本著苦盡甘來的出發，是妙的，惟有銀髮的家慈，朝夕馳思故鄉，另(令)[兒]做夢想不到，好了，我最後向你來一個答案，假如出入大陸容易的話，回鄉一行，搞好家事，亦好，待我回來時，再度來港，共享團敘(聚)，相信為期不遠，否則，出入煩難，務須動用一下腦筋，免至臨崖勒馬收韁漫(慢)，船到半海補漏遲，是不？好了，下次再談，恭請

金安

[男]炳勳 一九五七・西・八・一二

附記：我祖母攜我在1955年到香港，她之前一直沒有出過遠門，自然非常懷念家鄉，此信涉及的，大概是向我父親提出回家鄉看望一下，並將一些物品帶來香港。

1957–9

按：此信以郵柬寄給我姨丈再轉交我母親，內容則分別致我和我母親。

競璇吾兒知悉：昨日接到你首一次的來信，使我三誦之餘而不肯放手哩！句法上寫得十分清楚宜(而)又玲瓏，假若係你的筆，不用人指教來寫的話，使爸爸歡喜到無限量的程度，此後還須加倍努力學習，干(竿)頭直上，達到文章飽腹。將來的前途無可限量。在爸爸方面，不辭千辛萬苦，費力栽培你們，走上樂觀為人的陣線，希望你們揸住[1]保(寶)貴時間，深求學問，是爸爸惟一的願望呀！

並付來港銀伍十大元，以應開學之需，如有特殊須(需)要，可向祖母求取，好了，並祝愉快康健。

鳳娣：傾(頃)接來信，一概明白了，每當一次接到你的信，就麻亂了我的腦筋了，永遠沒有安慰我的甜言，你知道我在外的腦子已經想乾了不？本來我想充耳不聞，但(？)得不到別人的諒解，弄出一波未平又一浪，家事如此複雜，我亦無人生的趣味了，總至(之)任由我漂流海外，作蛇或蟮，請你們不用我掛心，保重身體，為上。

1　台山話「揸住」即「掌握」之意。

茲〔付〕來港銀三十元由灼天處轉交，懇代付回東海收用，[2] 以應衣節之需，本來這個問題不用直接問我，上有尊長，有銀在佢[3]手上，如果不理，無人皆我，[4]對不？佳節[5]已近，請速付回。我亦有信直接寄回東海了，不用麻煩你的執筆了。

炳勳　八月・十二日

2　東海是我祖父的堂兄弟，我稱他為「二公」，抗戰時被捉去當「豬仔兵」，戰後回到家鄉，解放後被派看管水庫，不懂游泳，1981或1982年在水庫當值時淹死。

3　「佢」即「他」或「她」，此處指我祖母，她操控家中的財政權。

4　「無人皆我」原文如此，推測其意為「無人怪責我」。

5　應指中秋節。

1957–10

按：此信以郵柬寄到「九龍青山道壹三壹號四樓」給我祖母收，我由此得到當時所住地方。因集郵關係，貼有郵票之處被撕去，內文因而略有缺失。

母親大人膝下敬稟者：未見通信，瞬將有兩月，料想大小起居迪吉，那是兒所希望也。我父子在外亦見平安，經常工作，見字無容掛念，請大人居港愉快過著生活，兒厚望也。

關於前經談及意欲購樓一層的事，現在經過我父子深入的討論，缺乏理想深究的主持人，[1]誠恐買得之樓，又不能如我所得的理想，故此，總至(之)待明年或者在可能內，我父子兩〔 … 〕抽身回港，然後進行，是上策也。〔 … 〕親大人，再耐奈[2]一個時間，好不？

現在，母親如有指示或者教訓，請即來信，代(待)兒免失迷律(津)，好了，下次再談。專此恭請

金安

不肖兒炳勳　1957九月十二日

關於競璇兩兄弟，千祈教他讀書，等他將來成為社會上一個優秀的青年，是兒最迫切的欲望也。

1　原文如此，指家中沒有能作主的男子。

2　原文如此，「耐奈」應指「忍耐」。

1957–11

按：此信與上一封同一日期，以郵柬寄到「九龍順寧道一五號中華電筒廠」轉交我母親收，我母親當時在該廠工作。因集郵關係，貼有郵票之處被撕去，內文因而有缺失。

雪芳：

頃接來信，內情均悉，三誦之餘，而不肯釋手哩！怎解？主要的原因，愧我謀生無方，弄成離妻別子，飽受寒酸，要你們捱著艱難，我自問良心，淚如泉湧，那張給我的信，怎使我肯釋手呢？拿著這張來信，只有抑(仰)天一嘆，「天不造美」的一句，好了，今後希望你效著「吃得苦中苦，方為人上人」的古訓，貫徹下去，那是我所最希望哩！倘若偶遇打擊，執著逆來〔…〕的方法，則萬事了矣。

〔…〕談對購樓之事，茲又舊調重彈，本來〔…〕做到，但恐所購之樓不能如我所願，故此暫時擱下，待明年我定有安排，同時亦有信向母親說明，回去看便知，好了。

茲並由廣英源方富恭處暗中付來美金五十元面交於你，務須小心料理孩子，倘若收到，即速回音。父子居外平安，家中老幼旺相，並祝

愉快

炳勳　1957．九月十二日

1957–12

按：此信寫於信紙上，信封已不存。寫給我祖母。因紙張日久殘損，有數字不能辨讀。

母親大人膝下敬稟者：現在並付來港銀伍佰大元，以應過年之需，好若收到，[1]即速回音，免至遙望。茲因工作過忙，不能〔…〕執筆，請諒。

〔…〕外平安，並祝家中老幼旺相，專此恭請

金安

男炳勳　1957.12.16

並有賀年咭二張，由廣英源轉來查收。

1　原文如此。

1957–13

按：此信以郵柬寄給我姨丈轉交我母親收。

雪芳：

茲由廣英源付來交灼天處港銀七十元，見字請匯回岳母[1]四十元，餘的三十元分給每個兒子各十元，此乃家父之命，見字之知，[2]並有賀年咭二張，請付一張給岳母，好不？便由廣英源轉交，由你如何，好了。我因工作替(太)忙，略草數言，好了，下次再談。

炳勳　1957. 12.16

1　「岳母」即我外婆，當時仍居於內地，她其後來港，和我姨丈、姨母一家同住，和我家只相隔一條馬路，但因我祖母和我母親合不來，影響之下，我祖母和我外婆從不見面。

2　原文如此。

1958

1958–1

按：此信寫在郵柬上，寄給我姨丈再轉交我母親。此後來信若寫在郵柬上，不再說明。

鳳娣：

昨接到你又來了一張給我的港箋，我在展誦之下，均已明悉，你意欲一切，出乎正理，我絕對同情，惟在家庭上，務須以和為本，方能餘慶。現在茲由灼弟[1]處付來港銀壹佰元，祈查照收，正便應用，[2]好了。

同時另有壹事向你相交，[3]相信你內心必定愉快，茲因我父子兩人在處開始申請回港了，同時對購樓的款項，亦經準備，相信往日的寒酸盡洗一空，惟有更懇你在處切勿露言，要知人情世故，俗語云：「書有未曾見(經)[4]我讀，事無不可對人言」，至緊，好了，下次再告。

愉快

炳勳　二月廿七日

1　「灼弟」指我姨丈黃灼天。

2　原文如此。

3　原文如此。

4　原文如此。又：台山話「見」、「經」發音相同。

1958–2

按：此信寄到當時我們居住處給我祖母。貼有郵票處被撕去，致部份內文缺失。

媽媽：

未有向你執筆，不覺已有數月了，料想起居迪吉，又加上愉快，那是[兒]意欲者呀。

媽媽：你在處還有錢不？須(需)要未？懇請來字對我一個指教，好不？

對於競璇、初兩位讀書，出入千祈小心，〔…〕以緊(謹)慎，因港地非常險惡，務〔…〕意。

〔…〕在外平安，家中老幼旺相，〔…〕再會有期，恭請

金安

[不肖兒]炳勳　1958 三月十七日

1958–3

按：此信寄給我姨父再轉我母親。

鳳娣：

沒有對你執筆，已有相當的時光了，你會計[1]我不？請來個答覆吧！生活如何，順談一下，即覆！

茲付來港幣壹佰伍十元，由灼天處轉來，分交各人，我亦有信付上各人，懇速辦妥，岳母伍十元，林國均母親[2]伍十元，餘下的伍十元交你零用之需，倘若做妥，即速回音，好，下次再談。並祝

愉快

炳勳　七月十日

1 「計」應作「怪責」解，此用法在以後的信中還多次見到。

2 「林國均母親」即我姑婆，亦即我祖父的妹子。此處說的「岳母、林國均母親」當時都在內地生活，不在香港。

1958–4

按：此信寄到我們當時住處給我們兄弟三人收。

競璇、初、斌三位吾兒知悉：

念自離開你們，不覺已經過了四個年頭了，回想過去左抱右攬你們的時候，到今做夢片刻有這樣，現在你們快要長大了，千祈聽祖母及母親的教訓，務須勤力讀書，切不好懶惰，是爸爸唯一的願望和要求哩！

現在茲付來美金壹佰伍拾元，祈查收用，妥收，即覆至要。並祝你們愉快康健，老幼平安，我父子在外亦見旺相，見字無容錦念。

炳勳　七月十日

Jose Luis[1]
Club Americano
Minas de Matahambre
P. Piñar del Rio
維禮收
(父親住址)
背後住址是我的，即信底

1　此起數行在信末用鉛筆寫上，閱此得知我祖父在古巴西部城市 Piñar del Rio 工作，不在哈瓦那。

1958–5

按：此信寄到我們當時住處給我祖母。

媽媽：

早十多天寄給你的信，相信收到了，我共你們相隔海天，只憑著一張箋紙，作來見面，[1]我每在執筆的當兒，使我不知落盡幾許淚涕，可恨蒼天及環境如此不仁，使我們飽受著別離的慘痛，另(令)我有口難言，只有長嗟短歎…呀…。

現在我父子欲想直接回港，但找不到直接可能，[2]茲來字懇母親拿著這張箋紙，加移玉步，前去以(與)方富恭商量，因他在香港有地位的人事，相信可能代我找出辦法，需費用及手續如何，請即來字報及，即覆為要，好了，下次再談，我父子平安。

金安

不肖兒 炳勳　七·廿七日

1　原文如此。

2　我祖父和我父親不是香港居民，他倆持台灣國民政府的護照在古巴生活，故此要辦理手續才能前來香港。

1958–6

按：此信寄到廣州市解放北路白蓮塘巷給我姨母轉給我母親。此時我外婆因辦理來港定居，去了廣州，寄住在親戚家中。因為她患病，我母親到了廣州探望。此信貼有郵票處被撕去，致部份內文缺失。

鳳娣：

昨接到你共競璇合寫的信，我已收妥了，得知你在本月五日返回廣州，因你母親身染微恙，但未知如何否？

茲由順意處付來港銀壹佰大元，祈查照收，以應料理岳母之需，同時代我向她請安，懇諒不肖婿(是我)，還請岳母務須保重身體，勿因環境而影〔…〕軀，好了，相會有期，下次〔…〕談吧，懇諒無心寫信的我，謹得〔…〕兩行，望勿見計。

炳勳　九．十四日

1958–7

按：此信寄到我們當時住處給我祖母。

母親大人膝下，敬稟者：未有對慈母問候，不覺將近兩個月了，昨接到競璇的來信，説及他母親返回大陸一行，故此膝下三個孩子，須要銀髮的慈親照料，使我有點難過，連累老人家的辛勞，此是我之罪也，請母親不辭勞苦，對孫兒出入，務須加倍小心，免有異（意）外法（發）生，好了。

茲並付來金銀壹佰伍十大元，由香港文咸東街五十三號榮士行轉交，祈查照收，以應家需，該款已經匯遲了，懇寬恕。

我父子在外平安，遙祝在家老幼康泰。

對於我們意欲回港一事，在處已經找到優良辦法，本來開始申請回港了，奈因環境時局問題（即台灣）太過滾（混）亂，故此暫時擱下，再候一點時間，故特字告知，下日申請情形如何，好音再報。好了，

金安

兒 炳勳　十月五日

懇付來實居的住址給我，速…[1]

1　此句以小字寫於信末。

1958–8

按：此信寄到當時我們住處給我祖母，地址為福榮街壹七七號三樓，我們當時遷入此處不久。貼有郵票處被撕去，致部份內文缺失。

媽媽：我接到你的信將近兩個禮拜了，信內所講一切，我亦明白了，對於過年的銀及分給各個親人，應當如何，需銀若干，請事前來信談談，好不？

對於家鄉物件，請你們不用擔心，要我去信各幹部，待我能抽出時間，然後寫信給他們，定有良好的辧法應〔…〕，決不會當我是地主看待，是不？

〔…〕次問及你的實居地址，你知道是什麼緣〔…〕，因為我在外如辦手續時，要向香港聯絡，證實有家人在港，方能辦妥比較容易，故此對你問及住址，現下未敢妄動伸(申)請，適逢古巴大選，政治混亂，[1]待下日平靜時，然後開始伸(申)請，相信見面時期不遠矣，父子在外平安，並祝家中老幼旺相。

金安

兒炳勳　十一月十二日

1　古巴在此年11月3日舉行總統及國會選舉。

1958–9

按：此信寄到當時我們住處給我祖母。貼有郵票處被撕去，致部份內文缺失。

母親大人膝下，敬稟者：新年的日子快到了，兒遙身祝你們過著愉快的新春，現在茲由香港德輔道中一一八號植生行付來金銀壹佰八十元，祈查照以，已（以）應春節之需。此次過年的款項，我沒有分給各人，同時亦沒有信寫交各人，事關母親為〔 … 〕信指教，兒謹當尊（遵）守，母命難違，現〔 … 〕年間（關）[1]在即，兒意欲給些各個親誼，〔 … 〕、岳母、東海等三位，每人付港銀伍十〔 … 〕？請母親在港辦妥這事，由你們〔 … 〕好了，因我在外工作太忙，無時兼顧，時間又片刻不留我執筆了，[2]下次再談，即覆。我父子在外平安，並祝家中老少旺相，過愉快歡天喜地的春節。恭請

金安

兒炳勳　西・十二月廿二日

1　台山話「關」、「間」同音。

2　原文如此。

1958–10

按：此信與上一封日期相同，寄給我姨丈轉交我們兄弟收。

競璇、初、斌吾兒知悉：現在並由灼弟處轉來港銀壹佰元，交你們渡（度）春節之需，該款由香港德輔道中一一八號植生行駁回，[1]祈查照收，祝你們高興過著新春。

在這春節的寒假當中，須時刻溫習功課，聖人云：「舊書不厭百回讀，熟讀深思子字知」，[2]務求百尺干（竿）頭，更進一步，前途無可限量的將來，一定照耀著你們的光明了，[3]緊記，並祝你們愉快康健。

炳勳　十二月廿二日

另有美金壹佰捌十元，亦由植生行付回，查收。倘若收到，即速回音。

1　「駁回」：當時華僑匯錢回鄉，多經由中國人經營的商號或錢莊辦理，不通過銀行，稱為「駁匯」。此詞在下面的信件中多次出現。

2　原文如此。

3　原文如此。

1959

1959–1

按：此信寄到當時我們居住處給我祖母。

昨接吾兒競璇來信，得知家中老幼旺相，同時亦收到過年的款項，我心內暫覺快慰，在元月十多天來，日日懸望這張家信，自後希望快些相覆，企免遙望。

惟對分給各親人之款，但未經報及，倘若此款不足，即速來字相告，待我再次付回，分給各個親人，免至感情中斷，為要。

關於古巴此次革命政變，[1]現在已經安靜如常，對於生意方面，沒有影響，不過閂了四天門，寸步不敢出，同時亦沒有車交通，現在已照常營業，對於華僑人口方面，居古共一萬伍仟餘人口，其中有一個姓李的，甚不幸，是番禺人，亦是做生意的，其餘的唐人個個平安無事，見字對各人相告，不可憂慮，勿掛。

我父子在外平安，惟對回唐一事，到今未敢動手，因古巴政局混亂，待他日平定時，然後開始申請，再字相告。好了，新曆年已過了，快又來了一個舊曆年，遙祝家中大小更加愉快過著農

1　卡斯特羅領導的革命軍在此年1月1日進入哈瓦那。

曆的新春，謹此恭請

金安

[男]炳勳　元月十九日

即農十二月十一日

附記：此信所說的古巴革命情況，恐不準確，相信是因為希望家人安心，故意說得輕微些。華僑的家書多數如此，我父親也不例外，以下一封信所說亦如此。

1959–2

按：此信寄到當時我們居住處給我母親。

雪芳：憶自家園一別，忽將五度立秋，依然故眼望遙，枉我多情之輩，怎不肝腸寸斷。自愧謀生乏術，生錯七尺昂藏，全無出色(息)！自思不才的我，未知何時方能完成美滿家庭如願，慚愧。

藉悉內助身染有恙，使我更以難堪，恨無羽翼的我，不畏萬里雲山，馬上飛回，以顧一切，這做夢的紙上談兵，希望保重身體，延醫診治，匯回之款，倘不足時，即速來字相告，現在身體如何，懇即覆，勿令愚夫朝夕懸望，並祝安康。關於古島目下環境，現在安靜如常，絕無其他之事，後日如何，然後再報，好了，父子在外康泰，遙祝家中老幼旺相，下次再談。

愉快

炳勳　元月二十五日

1959–3

按：此信寄到當時我們居住處給我母親。

雪芳：

今天是第四個星期了，依然未得到你的回音，在這四個悠長的禮拜當中，我每個星期都有信給你，連現在的一封共四封，你能收到否？懇覆，片刻莫延，好了。

現在你身體如何？務須小心保重，不念漂泊天涯的我，情有可言(原)，但要故累(顧慮)三位年歲幼小的孩子，免至沾辱人間，談到最後的一句話，使我不奈(禁)淚下，連短干(幹)的鋼筆，也難描寫下去，就此擱筆吧！下次再談。

父子在外平安，昨本月五日家父出來我處，過了三天，現已回去工作了。本來出來灣城，意欲辦理申請事，無奈環境捉弄，未能如願，[1]下日如何，好音報上，並祝家中老幼康健

愉快

炳勳　二月九日

1　所指應為古巴革命後情況混亂，無從辦理回港申請。

1959–4

按：此信寄到當時我們居住處給我母親。

愚兄炳勳，草奉嬋娟，暌別芝顏，歇想殊深，念蓬室之同居，甜言蜜語，垂頭秘約，須(雖)苦當甘，樂何如也。到今的我則置身異域，天各一方，此是環境迫人，謂(為)轉換門風之計耳，須(雖)屬雁南燕北，但能魚雁往還，不啻同處一室耳。昨接內助朵雲，在我三誦之下，宜(而)不肯釋手，方知一二，身體快將覆(復)原(元)，使我喜上眉梢，蒼天不負於我，可真吉人天相，在前日首一次接到的來信，書面説著面部生瘡的一句話，把我的膽子赫(嚇)得不知去向，事關本人略熟醫理，「面無善瘡」，非常危險，現在已渡過難關，走向坦途上前進，相信我們會面之期不遠矣。好了，下次再談，並祝康健。

炳勳　二月十四日

1959–5

按：此信寫在信紙上，兩頁，信封已不存，給我祖母。

母親大人膝下，敬稟者：暌別家慈，忽覺五載，如此不孝的我，遠走高飛，辜負親恩，無奈環境使然，懇慈母恕罪。

現在茲對銀髮的家慈來一個安慰，我父子已經開始申請準備回港團敘(聚)了，但在古巴的當局之下，非常安定，沒有其他，惟有申請手續，相信要費幾個月時間，方能完成如願，見面的機會，快要在我眼前，現在並〔付〕來照片兩只(張)，查收，同時並匯來港銀伍佰大元，茲因古島政府不准金銀出口，故此暗中駁回港銀，以便家用，同時轉匯港銀認真高貴，見字知之。[1] 倘若收到，即速回音，企免遠望。好了，下日申請如何，再字相告。

父子在外平安，並祝家中老幼康健。

金安

炳勳　二月廿七日

1　此處所指，為革命後的古巴政府開始管制匯款，故此我父親要由黑市渠道匯出款項，兑換價亦水漲船高。關於從古巴匯出款項，此後信件多番提及。

1959–6

按：此信寄到我們當時住處給我母親。

雪芳：茲因我父子申請回港一事，相信快要辦妥了，在此情形底下，對辦手續方面，必須聯絡港方出入口機關部門，方能批准入港，現在相信在最近幾日，一定有人到來查問你們，出發點欲想證實家人在港的是否，倘有話問你，你照正講給他聽，倘若要用銀紙，些少之數，如三、五、七元，當作給他飲茶給他，否則，要多的話，提防棍徒之騙，故先來字相告。下次再談。

炳勳　四月十四日

1959–7

按：此信寫在信紙上，兩頁，信封已不存，給我母親。

雪芳：前日寄上的信，叫你取灼天與順意的身份證號碼，是否不能如願所求，請你即速對我說明，我如此的做，無非因銀紙不能出口，故此多用幾個收款人的姓名，方能得古巴政府批准匯款多些，此是移花接木的辦法，對灼弟絕無影響，懇他放心。因為古巴現時的匯款，每人限二百五十元，每月或者只得能批准兩次或一次，如果收款號碼相同，就不批准了，故此事前意欲取幾個香港身份證的親信人，代吾收款轉交我的家人，此種做法，請大家不應疑雨疑雲，見字即速代我做好，同時還有一個指示，如得到香港移民局有寫著英文字的通知書，此是我父子向港政府申請回港的通知，你拿著這張通知，兼我夾在信內的綠色紙，前往香港昌興航空公司，[1]找著黃仲安先生商量接洽，自然協助你如何進行，如有不明地方，請你向他求指導，好了，見面有期，父子在外平安。

1　此即加拿大太平洋航空公司（Canadian Pacific Airlines），當時華僑稱之為昌興航空公司。

雪芳，為什麼你咁懶執筆對我，即覆為要，切勿向困難底(低)頭。並祝

愉快

炳勳　四月廿八日

內有家父相片一張，或者可作證明之用。[2]

2　這一行用小字寫在第二頁的底面。

1959–8

按：此信寄到我們當時住處給我母親。

雪芳：昨接到你的來信，內云前有灼弟代寫之信二封，現只收到一封了，同時說古巴銀兩出口事，你意欲由加拿大轉駁，此是夢想的事，假如任何處可能做到的話，我不話(說)出一個難字來，你知道不？愚非是庸夫俗子，不過奈何古巴政府的限制，無法施展，出口的匯款，任何地方是一樣，加拿大亦是，在此情形下面，請家人不用擔心，我一定有法完成我的任務，現在一方面大家進行申請工作，不畏艱難，一方面等候時機，穩步前進。好了，惟對你來信說出稱及黃大仙的迷信言語，使我笑出鼻涕，切勿傷(上)當，緊記…[1]

愉快

炳勳　五月二日

1　所指大概是我母親憂心我父親在外處境，去了黃大仙祠求神問卜。

1959–9

按：此信寄到我們當時住處給我祖母。

母親大人膝下，敬稟者：前幾天付上金銀二佰伍十元，諒必收到，這次匯回之款，費盡相當手續，真算麻煩。此銀由「波士頓」銀行駁回，現在該銀行已經停止駁款了，或者暫時性不定，但仍未知下日如何，倘若收到該款，馬上即速回音。

關於申請之事，見字懇即前往香港昌興航空公司，與黃仲安先生商量申請我父子入港的手續，切勿拖泥帶水，擔（耽）誤時光，至緊…

同時申請程（進）度如何，時刻來信報及，現在你往還的魚雁太疏了，知道不？好了，下次再談。

金安

炳勳　五月二十一日

1959–10

按：此信寄到我們當時住處給我母親。

雪芳：

昨天接到由四月十一日付來的信，何故日期甚久，同時更沒有由港申請的頭絲（緒），在此情勢下面看來，相信入港手續，認真麻煩，倘若遇到如用擔保費或其他困難，請你暫時停落，不好忘（妄）動，待我在外另行設法，同時多多來信把消息傳達，切不好因工作時間，影響魚雁往還，至要。父子在外平安。

愉快

炳勳　五月二十四日

1959–11

按：此信寄到我們當時住處給我祖母。

媽媽：

自我申請回港的一件事，不覺經過三個多月時光，但香港入口方面，然(仍)未有半點頭緒，相信一定麻煩，現在我意欲掌握時間問題起見，現轉由澳門申請回來，對你在港代為申請之事，請不應白費精神，擱下好了。由澳門轉回，須(雖)然多番手續，但非常容易，我相信在西曆六月下旬，就會有接機的機會給你了，某月某日能到達香港機場，事前定有信報及。好了，下次再談。

金安

炳勳　五月二十九日

1959–12

按：此信寄到我們當時住處給我母親。

內子：昨四號接到你由五月卅號寄來的信，一概已經明白了，此是代辦人做事不周到的緣故，本來我想詳細與紙上談兵的對你說明，奈因見面的時期快在目前了，總至（之）待見面時然後將情教（告）知。此次幸我及早回頭，不至擔（耽）誤期（時）間，現我決定由澳門轉回，對在香港申請的事，請你一切不好理會，我在外一切會辦妥了，待下日搭機由港九龍機場下降時，我定有信及早通知你們前來機場見面，待見面然後再談。好了，下日再報好音。

愉快

炳勳　五月五號[1]

1　此為農曆，即陽曆6月10日。

1959–13

按：此信寄到我們當時住處給我祖母。

媽媽：

昨西曆十日接到你的來信二封，一概已睇過了，自嘆生逢亂世，作事未免有多少艱難，此是命也運也，懇母親放心一切……

現在我父子決定由澳門轉回香港，因為代辦的人，無法接辦直接回港的手續，現在新政府比過去不同，[1]欲知詳情，待見面時然後相告……

關於由澳門轉回的手續，現在又已經全面搞好了，本來在本月下旬可能到達香港，無奈因家父的工務未能辭去工作，故此再遲至下月，方能起程，見字知之，同時亦決定乘加拿大航空公司飛機（即昌興公司），不是搭船，下月某日購妥機票時，再字報及，倘若你在港方面，有何問題或寶貴意見，懇即回音，掌握時間好了。

金安

男炳勳　西曆六月十一日

1　指古巴1959年1月革命後成立的新政府。

1959–14

按：此信寄到我們當時住處給我祖母。貼有郵票處被撕去，致部份內文缺失。

母親：今天的執筆，是農曆五月十二日，亦即西六月十七日，回憶五年前的今日，朝早六點鐘的時後（候），大家還坐在檯上一起食飯，那三位的幼孩，仍睡在床上，這個深刻印象，使我永遠記腦海中，使（便）是環境給我們離別的日子哩！[1]你們還記得不？我在五年來的時間當中，無一日不掛念著大家，這種別離的苦味，宇宙間無其他物件可已（以）比得上，連彩筆亦難描寫！〔…〕看來，我的願望和需求，一定爭〔…〕時間，完成我們家人全體團敘（聚），了卻精神上的痛苦，這個願望，相信快要活現我們眼前，懇大家勿掛一切一切，好了，下日如何，好音再報，下月某日起機，當即早十天有信通知，勿念。

金安

男炳勳　農五月十二日　西六月十七日

1　通過這裡的敘述，得知我父親離開中國前往古巴的日期。

1959–15

按：此信寄到我們當時住處給我祖母。

母親大人膝下，敬稟者：前信疊疊（喋喋）向你相告，我以為在本月可能共大家見面，但出乎我之意料，到現在仍未能決定登飛機的日期，對家人來一個佳音，事實上無其他的事，成（誠）恐家人掛心，故特來信向家人一談，懇大家放心，下日如何，當即揮箋相告，無容錦念。好了，父子在外平安，並祝家中老安少懷，專此恭請

金安

炳勳　七月廿四日．西曆

1959–16

按：此信寄到我們當時住處給我祖母。

母親大人膝下，敬稟者：前一星期付來的信，諒必收到，現在茲匯來港銀二萬元，此款由古巴同發號關洸元處駁回來，港德輔道中壹壹八號植生行轉交，見字祈查照收，該款懇母親千祈小心保管，待父親回港時，然後動用，倘若收到，請即回音，片刻不好朵(拖)延，現在在外正等待著你覆音收到的時後(候)，然後購機位起程，見字明白一切，請母親放心，我父子在外平安，並祝老安少懷。

同時請母親對門戶方面，務須加剖(倍)看守，切切不可疏忽，說話方面，切勿多言，「俗語云：書有未曾經我讀，事無不可對人言」，[1]好了，下次再談。

金安

男炳勳　西八月三日

附記：祖父和父親此年稍後回到香港，用匯回的款項在九龍弼街一座新建成的樓宇買下一個住所，他倆能在古巴革命後及時將這筆在當時屬於為數不小的錢匯回來，非常幸運。我們家庭後來能夠在僑匯斷絕的情況下應付生活，全憑有此居所，除了舉家節衣縮食，還長時間將屋內的兩個房間出租以幫補家計。

1　原文如此。

1959–17

按：此信寄到我們當時住處給我母親，日期與上一封寄給我祖母的相同。

雪芳：茲付來港銀二萬大元，由香港德輔道中一一八號植生行駁回，如若收到，千祈即速回音，下次我有回港的日期給你們，懇放心一切。

務須小心對家庭一切，切勿對別〔人〕多談，緊記。

炳勳　西八月三日

1959–18

按：此信寄到我們當時住處給我祖母。

母親大人膝下，敬稟者：前日付回之款，相信收到了，現在我父子決意在西曆本月二十二號由古巴起程，所搭的飛機係加拿大太平洋航空公司的飛機，即昌興公司，見字請在廿三、廿四的鄰近日期當中，前往昌興公司一問，便知飛機到達九龍機場的鐘數，同時懇母親換二佰元散港紙帶來機場給我，以應付澳門之需，好了，見面再談，父子在外平安，並祝家中老幼康健，恭請

金安

炳勳八月十四日 · 西

注意：千祈要用人睇門，然後前往機場。

茲將中西名列下：

雷維禮，西名Jose Luis，西名，何樹雷（台山音）

雷炳勳，西名Julio Luis，吐柳雷（台山音）

附件

按：我祖父和我父親是年8月下旬回來，先到香港，隨即轉往澳門，再由澳門辦理手續來港。我父親翌年8月27日離開香港返回古巴，我祖父因為年老，沒有回去，之後居住在香港，直至去世。我父親居港的一年間，收到若干從古巴寄來的信，現在保存下來的有五封，現按日期先後迻錄如下。

其一

按：此信為郵柬，寄到我們當時在福榮街的住址給我父親；原無標點，現憑其意加上。

炳勳宗侄台鑒，啟者：是日得接由六日來信，敬領一切，並悉於上月廿五日平安抵達香港，欣慰(？)。對於曾託侄回港後在可能範圍內代設法就地匯交余家用港銀一、二百元以應接濟，免至其在內地受餓，感激(？)，諸事多勞，茲將地址奉上，以便轉達(台山縣第二區鋏張鄉南溪里交雷賀周收)為妥，待來信告後，當即設法將款匯上奉還。上月廿八日在此間(？)寄上報紙乙卷，若收妥，請便中來信順及為禱，餘音待覆再告，此請

台安

宜宗上　九月十二日

其二

按：此信為郵柬，寄到我們當時在福榮街的住址給我父親。

炳勳仁兄偉鑒，啟者：茲收到九月六號來信，各情均悉，祈勿念。本應早日給你示覆，奈因近日在處工作繁忙，未能抽空，至有心與願違之感，希（？）原諒。正如來信所說，追溯兄台在灣[1]時大家一起，彼此同聚，不亦樂乎，一旦分手，每翹首而思，不勝感慨，寂寥無聊，心情難堪，在我唯一的方法，將精神寄托於工作，消磨無聊的時光，而你值得可喜可賀，樂聚天倫，今後惟望魚雁頻通，多多聯絡，至兄復回灣京[2]時，續過著我們愉快的生活。

此覆，並祝你

安好

弟楫威草上[3]　一九五九．九．廿八

1　「灣」即「夏灣拿」。

2　「灣京」亦即「夏灣拿」。

3　郵柬面頁有「灣京余付」四字，故得知此楫威君姓余。

其三

按：此信寫於信紙上，信封仍在。內文有分段，但無標點，現憑推斷加上。

雷炳勳仁兄台鑒，啟者：自別已(以)來，不覺經已半載，久未執筆通音問候，殊懷念。遙祝兄居港與家人等一體均安，是弟之賀耳。

吾在處前接家人來字，告及兄你與明維兄亦有信告及吾之家人，蒙兄之關懷，不勝感激。

現在對於古巴之時局，況且兄你是一位聰明之人，亦無須吾細述，大約與我們在此談論過去一切無異，現在經已實行幾例，如蛋類與(以)及咖啡煙葉等繼續接收，一切土產歸土改局統購統消(銷)。

現聞有好多華僑申請回國，如朱榮耀在本月八號在此啟程回港，請兄有暇時往他處訪問，一切知之。

對於你表兄之生意，現在照常營業，將來如何，再字奉達，請兄在處如有暇時多來信指教一切，是弟之盼望耳。

餘未細及，此祝新年

萬福

弟齊深　1959・12・22

請兄勿誤因為久未通信，成(誠)恐兄遷居，所以由陳明維轉交你[1]

1　此信信封寫有：「香港九龍荔枝角道二佰柒拾號永盛金行陳明維先生轉交雷炳勳先生啟朱付」。

其四

按：此信寫於郵柬上，寄到我家當時新購入在旺角弼街的地址，內文原無標點，現加上。

炳勳侄台如見：昨二月十六日接來信一封並旅行昃紙[1]二張，經已收妥。當時我即將昃紙二張往中國銀行查問此事，當時中國銀行乃將古巴銀交回，於是我想收回該銀，乃見匯黑市高價，每佰匯港銀三十七元，乃見損失太大，故此不匯，再次商量一番，交我付返昃紙，見覺如（？），所以昃紙乃交銀行寄回侄台收回，銀行亦有字說明交該昃紙，我亦曾經簽名。若收妥昃紙，祈即回音告知可也。但侄台與家名[2]有何話（？）講，請汝付信來家名便是。但汝所寄來之信代囑家名，但汝之信我乃交中國銀行，乃忘記代囑之語，祈為見諒。好音後報，此覆，並請

台祺

1960年二月廿號　雷宜宗上言

1　「旅行昃紙」即旅行支票，「昃」為西文cheque的音譯，當時四邑華僑習慣稱支票為「昃」或「昃紙」。

2　此處提到的「家名」應為「家銘」，我父親在古巴的同鄉，此名字在下面的信件中還再提到，我父親1966年回到香港後，這位家銘有信從古巴寄來，見下文。

其五

按：此信由夏灣拿中國銀行用其信箋書寫並以掛號寄來給我父親，信封仍在。

逕啟者：茲由雷宜宗君交來

台端在敝行所購古巴國家銀行旅行支票第D58760，D60101及D60103號共三張，每張值美金壹百元，因簽名不符，致無法在港兑收，囑轉換匯票寄奉俾免損失等由。查該三張支票原有Jose Luis之簽名，現既由原人補簽與印鑑相符之簽字，即可照付。目前因古巴政府管理外匯甚嚴，辦理退匯及重新匯出，手續不易辦到，故將原支票三張隨函掛號附奉，即請在港就地託銀行代收可也。此致

雷炳勳先生

夏灣拿中國銀行啟

附件

中華民國四十九年五月十七日　　L字第955號第　頁

REGISTERED MAIL

1960

1960–1

按：我們一家在1960年初遷入旺角弼街的新居居住，之後沒有變化，故此後父親的來信都寄到此地址，不必再注明，只注明信件為郵柬與否，以及收信者為誰。我父親在此年的8月27日離開香港返回古巴。以下為離港後寄回來的第一封信，此信為郵柬，寄給我母親收。

雪芳：別後三天，無時不懸著我的心中，憶在機場灑淚而別，使我一步一回頭，肝腸寸斷，可恨蒼天不仁，加上環境無情，要我各分東西，但謂（為）前途設想，別離須（雖）苦，到底是甜，見字懇內助放下思想顧慮，更要保重玉體，助我在外安心謀生，本來此次將旅途情況報告，無奈心情還是零（凌）亂，故未便向你略陳，待下日然後詳細一談，好了。

此次駁回之款，每佰元港幣，要用古幣七十五元，但係請你不與我為念，[1]金錢非是自己造的，不過手面撈來的身外物，千祈不好痛心，是愚夫切實屬呼（囑咐）。好了，下次再談。

愉快

炳勳　本月三十日[2]

懇向岳母及襟弟請安

1　原文如此。

2　「本月」即8月，陽曆。

1960–2

按：此信為郵柬，寄給我母親收。

愛妻：昨九月十五日接到來信一封，三次誦閱，而不釋手，所談一切，完全相信，本來當晚執筆把古巴情況相告，無奈恰逢做工的第一個星期，晚間感覺疲倦，待至今日方能相告。目前古巴征(政)局，須(雖)然紛紛亂亂，但沒有害及唐人生意，個別照常營業，生活安靜如常，須(雖)然古巴政府以(與)中共建立邦交，[1]對生意沒有影響，相信將來或有好轉不定，下日如何一定有信相告。最擔心者，不批準(准)匯款，使我朝夕頭痛，現在有微消息，[2]待正式以(與)中共通商，可能匯款，見字請內助保重，不用擔心，好好教育兒子，現在我向你保證，永遠愛護妻兒，即此(使)石爛海枯，矢志不移，為發展家庭而奮鬥到底，懇內助放心。下次再談。

安好

炳勳　九月廿五日

1　中古兩國於是年9月28日正式建交，估計此事在華僑圈中早已知悉。

2　原文所見如此。

1960–3

按：此信為郵柬，寄給我母親收。

雪芳：頃接你九月十八日寄來的信，當時我連睇十幾次，不禁兩行眼淚，奪眶而出，可恨好景不常，至另(令)你如此傷心，前夾寄回信內之花期(旗)[1]昃紙，不過區區十四美銀，此昃紙任何人能使用，因為是旅行昃，已經簽上名字，我由美國人用古巴銀賣來，事關匯兑全面不通，連黑市無法通匯，我以為些少之數，可能彌補家用，時不知[2]屋漏更遭連夜雨，又是失去，白費精神，實屬可惜。關於樓契之事，請你將兩條賣樓交銀收條，帶到律師樓，問明清楚，事關時間甚久，又是心亂如麻，電梯按金五十元，交或不交，我已忘記，你揸主意[3]好了。

關於三位兒子讀書問題，千祈不好輕視，即此(使)家中一文沒有，都要設想教他讀書，[4]還要勉勵他們勤力，否則半途停學，累了兒子一世，寫到這裡，我不願再寫下去。

關於老人家意欲自己走開伙食，[5]由佢主意，千祈不好憂慮，保持家庭和睦，我半點亦不敢計你，請你放心，更要保重玉體，緊記。

---

1 「花旗」即美國。

2 「時不知」即「誰知」之意，台山話有如此說法。

3 「揸主意」即「作主」，廣東話、台山話有此説法。

4 原文如此。

5 「走開伙食」：意即搬離並自行煮食。

古巴現下情況，日甚一日，對前途方面不敢決斷，我是前在大陸，曾見滄海的人，假若一九六一年年尾，古巴依然照樣，環境惡劣，我當即抽身回港，過著同甘共苦的生活，保證不會流落外邦。好了，下次再談。

炳勳　一九六〇．十一月三日

1960–4

按：此信為郵柬，寄給我母親收。

芳妹：與你分別，不覺將近三個月了，無時不思念左右，每憶別離及家庭等事，使我仰天長嗟短嘆，加上匯兑不通，令我有口難言，惟望內助克(刻)苦耐勞，善養兒女，諄諄教導，切勿因困難而恢(灰)心，堅決與環境鬥爭到底，相信最後勝利，迫(必)屬於我，同時家庭上的一切，即有些少惡事，亦要「屎臭扒草冚」，企免見笑憐(鄰)里，緊記……

現在未有執筆相告，已經一月了，茲談古巴當局日益緊漲(張)，生意一落千丈，失業者的人們，不知幾許，現在惟有一線希望，望時局轉變，方能立足，否則，不堪回首了，真有前路茫茫之概。但有值得內助安慰的一件，愚夫須(雖)身居古島，保證不會失業，目前還有相當銀紙在手，總至(之)再候一個時期的機會，如果決定沒有前途的話，當即抽身回港，此非困難的事，故特字相告，懇內助放心，千祈加倍保重身體，切勿因愚夫而憂慮損身，臨書下淚，自覺慚愧。下次再談，並祝

愉快

炳勳　十一月廿二日

再者：懇你自力更生，勿靠家長及別人，緊記不做搖尾乞憐。[1]

1　此數句用小字寫於信頭。

1961

1961–1

按：此信為郵柬，寄給我母親收。

雪芳妝次：時為新春佳節，遙祝您幸福健康，昨接璇兒來信，說及您身體很好，精神甚佳，使我非常安樂，加上他兄弟三人，讀書進步，不愧是我的好孩子，感激賢妻教導有方，確堪稱賢妻良母，孩子們又能一片孝心，該次說及居港非常寒冷，務懇您強飯加衣，順時珍攝，同時問我在外是不(否)一樣，古島寒潮，亦打破十年來的空前紀錄，但我未經感覺，或者我身體然(仍)屬強壯所至(致)，事關週年平安，特字告慰；我有一些心事，意欲和您談談，但首先請您原諒我的荒唐，此乃係迷信風水思想，根據相傳，我本瓦祖的風水關係，凡有四個孩子兄弟的家庭，[1] 將來前途錦繡，必定高人一等，追憶我家已(以)往各戶，確實令我半信半疑，希望如我所願，請內助莫笑愚夫庸人多自擾，更懇內助自愛保重，不勝盼切。

在外一切安好，並祝家中老安少懷，俱各康健。

愉快

炳勳　元月十六日

1　「本瓦祖」不知何解。我四弟健雄1960年6月出生，是時家中兄弟共四人。

1961–2

按：此信寫於白紙上，信封已不存，寄給我母親收。

鳳娣：昨日眉上常跳，料是不祥之兆，今早突接到內助雲翰，閱畢，不禁淚在腮流，自愧無能的我，身當為人丈夫，失了丈夫的職責，無力護衛嬋娟，懇諒不才的我，好不？

現在茲由灼弟處付來港銀陸佰大元，見字祈查照收，馬上治療疾病，免至身受痛苦，對延醫方面，務求良醫，或轉往醫院醫治，企免乏人照料，對家庭環境一切，本人曾見滄海，對妻的感情你來信說愚夫現已淺薄，此是你錯計了，[1]我非是陳世美之徒，亦不是王魁之輩，你看我每次的匯銀都有零用費暗中給你，同時對其他有關及己的親人，時刻意欲另眼相看，由此看來，你知我心內如何不？懇你相信我，好了。

自接到你的來信，使我成夜不成眠，工作亦停止了，茲因精神打擊過甚，現在懇你每星期來信一張，企免愚的懸念吧！順祝

安好

炳勳　元月十九日

此次古巴新政府，不准匯銀出口，這次的匯款港銀六佰元，本來付美金，因不能匯，見字知之，是次折美一百一十四元。

1　「錯計」：在父親這些書信裡，「計」字作「怪責」的意思，可能是鄉間用語；「錯計」即「怪責錯了」。

1961–3

按：此信為郵柬，寄給我們兄弟。此信年份憑內容推斷。

春文、夏經、秋武、冬偉吾兒：

今天接到你的賀年聖誕咭，內心得到非常快樂，如此華麗的賀年咭片，確實漂亮、美麗、可愛，勝過去年好多，裡面還寫著步步高陞的四個字，我希望環境及您們讀書亦一樣步步高陞。

您們正值求學的保（寶）貴時候，懇掌握住寸陰分金，奮力用功，有若登樓梯相似，一步一步向前進，倘能貫徹始終，相信您們的前途，無可限量矣。望您們留意上面的良言，謹記心田，那是父親的希望也。好了，下次再談，並祝您們

愉快

炳勳　農曆十二月十四日[1]

1　此為庚子年十二月十四日，即陽曆1961年1月30日。

1961–4

按：此信為郵柬，寄給我母親收。

雪芳：剛才接到你的來信，赫(嚇)得我魂飛魄散，是三子健斌跌斷手骨之事，使我兩行眼淚不禁滴了幾滴在你箋紙上面，正是福無重享，禍不單行，怎不使我抑(仰)天推(椎)心而長嗟短嘆呢！該種意外之事，請不好計在兒子，事關年尚幼小無智(知)，好玩之心在所必然，弄出不幸的痛苦，此是前車可鑑的教訓，自後嚴格約束及指導便是，同時我亦不敢歸咎我的內助身上，事關工作纏身，當然兩者不能兼顧，即便教道有方，難免有百密一疏之感，現在主要問題是經濟，經濟拮据，使內助東奔西走，隔摸(膜)照料兒子，造(做)成兒子今日的痛苦，這種罪狀，為父者應當負起完全責任，因為失去教養妻及兒女們的任務，你話我何等痛心，萬二分慚愧哩！

雪芳，你是個膽小的人，請你鎮靜地自己以心頭商量，好好去料理兒子，企免殘廢，對家長搖尾乞憐，此是自尋煩腦(惱)，前經三令五申，你記得不？現在古巴對匯黑市款項，嚴上加嚴，一籌莫展，惟有匯大陸，將快做到，懇你原諒我，好不？並祝家中老幼平安愉快。

炳勳　西三月十二日

附記：此信中提到的我三弟跌斷手骨事，我記憶清楚，當時我們兄弟在樓梯玩耍，三弟失足滾下梯級，致手骨脫臼，後來看跌打醫生看了頗長時間。

1961–5

按：此信為郵柬，寄給我母親收。

雪芳：沒有執筆問候，已經一月了，同時亦沒有接到你的來信，在此情形底下，未知家中演變如何，使我六神無主，前日我付的三箋，但未知個別能收到否？倘若收到該音，希即來信相告！

前談三位兒子轉入港辦官立學校讀書，情況近來如何？順字報及。

現在茲談談古巴最近時事，僑匯溝通，但只準（准）付回大陸，每百元等於美金相平，[1]可匯人民幣二佰二十元強，每年每人限匯出伍佰，古巴政府已經批準（准），但目前〔仍〕然未有人接辦，相信好快就能做到了！最可惜是不能匯回香港，現在事前我向你提個意見，我想匯回廣州市壽松嬸處，[2]然後通知你由你指動，[3]倘若港方有人付銀回大陸，可能寫信通知二嬸[4]變相轉交，在港收回港幣，這種辦法好不？抑或你還有其他辦法，請多多指教，同時抑或轉回襟兄其盛處，[5]懇你討（考）慮清楚，去信同對方商量，然後再來信給我，需付銀若干，當即原數匯上。同

---

1 「相平」即「相等」之意。

2 「松壽嬸」原為我們鄉間鄰居，我稱她為「二婆」，當時去了廣州和她女兒一家一起居住，她後來也移居香港，住處離我家不遠，常有往來。

3 原文如此。

4 「二嬸」即上文所說的「松壽嬸」。

5 「襟兄其盛」即我大姨丈，姓譚，一直生活在台山，一九九〇年代末逝世。

時還有一個消息，好快有航線直接飛回廣州市、北京、上海等處，最近中共在古巴開的展覽會，我一共參觀二次，真是中國有史以來，空前罕見，[6]好了，下次再談，並祝

家中老幼平安。

炳勳　農曆二月十九日[7]

匯回大陸何處，千祈寫清楚地址付來[8]

附記：在此信中，我父親説明了當時僑匯的一些情況，大體是只准匯錢往中國大陸，每年的數額有規定，另按照家屬關係的親疏，數額也有差別，具體安排不時調整。參見雷競璇編：附錄一〈1959年後華僑匯款情況〉，《末路遺民：古巴華僑訪談錄》（香港：牛津大學出版社，2017），頁341–344。另：自此以後，匯款問題成了父親家書的恆常內容。

6　是年三月，中國在哈瓦那舉辦經濟建設成就展。

7　是年農曆二月十九日即西曆4月4日。

8　此兩句用小字寫於信的上方。

1961–6

按：此信為郵柬，日期與上一封相差一天，寄給我母親收。在此信中，父親透露了何以在古巴革命後仍然要回去的考慮。

雪芳：昨接你及兒子來信二封，兩者已收到了，我起碼看了幾十回，然仍未肯放下，這張箋紙，事關出在我親生骨肉書寫來給我的手筆，如見面的一樣，所以不肯釋手，由此可以證實我對妻兒愛護的真心，絕無虛偽的，我須(雖)居古島，而我的心時刻懸掛著明發大廈六樓D[1]的家庭，你來信對我所講的話，一點不會計你，份屬夫妻，那(哪)會有斤斤計較之事，懇你放心樂觀地料理家庭好了。

來信有云，差餉已經搞好了，我略放寸心，我老早想到這一點哩，所以我離開家庭如此蒼(倉)忙出發點就是這緣故，成(誠)恐再逗留多幾個月時期，會用盡我的金錢，事關多一個消耗最大的人，未免多使相當，[2]同時淪想古巴匯兑梗塞，[3]即此(使)返回古巴，不能及時急(接)濟，如何打算，所以診(趁)還未有完全的弱點，留落多少，馬上遠走高飛，再行設想，對不？

再談：黑市匯款情形，真另(令)我們駭心，一百一十古幣兑港幣一佰元，如用美紙匯銀，用美紙一百三十兑美銀一佰，但用古幣買美幣，要用古幣四百五十方能買到一佰美元，此是黑市

1　此是我們家的地址。

2　「使」即「花費」、「開支」，台山話、廣東話都有如此說法。

3　原文如此。

行情，對匯款一項，真使個別頭痛，倘若不相信我的話，請向別個古僑一問，最近我所知者，惟有家銘夾有加拿大銀二十元付來，其餘未有聞到，懇你相信我的困難，好不？

關於往美一事，現在全面根絕，政府絕不批準(准)出口證，惟有大陸及香港，疏疏有批準(准)出口，但冒著生命危險偷關過美者，頗有所聞，此是坐小艇過走(去)的，把自己的保(寶)貴生命也不愛惜，個別謂(為)發展家庭而奮鬥，如此方可證出出外的痛苦，見字懇諒解一切，時夜將半，連發三書，[4]就此擱筆吧，下次再談，並祝生活

愉快。

炳勳　農二月二十日

懇順向岳母大人及襟弟等請安。

4　指上一封信、此封及下一封信。

1961–7

按：此信為郵柬，與上一封日期相同，寄給我們兄弟收。

健璇、初、斌、雄諸位吾兒知悉：昨接朵雲，大慰相思，須(雖)隔雲山萬里，但能魚雁往還，曲敘父子幽情，不啻同居一室耳。

此次接到健璇的來信，真令我百看不厭，最難得者，雙方兼顧，讀書不忘工作，一方面讀書，另一方面抱弟弟及幫助母親工作，最值得我安慰者是，今後更希望倍加努力，修養出一個真正優秀孩子，將來謀生社會，必定「鶴立雞群」高人一等矣。

次者健初亦值得我表揚，須(雖)屬成績跟不上他人，但自知懶惰的慚愧，肯自今改正過來，就是進步的表現，須知聖人有過，惟在勇於改過耳，希望言出必行，切切實實做到，決不落乎人後，肯定位列前茅，所以特來一個作答的對照。

關於健斌的成績，由第二降至第七，此是懶惰的報應，初出茅廬，年尚幼稚，應當用功打好基礎，築成「金城萬里」一樣，至不失去為學生的價值，是不？

然(仍)有最幼小的健雄，現屬嗶嗶學地，惟有默祝上蒼，庇佑快高長大，更希望四兄弟護(互)助護(互)愛，好了，時間片刻不留，下次再會吧。並祝大家

愉快康強。

炳勳　農曆二月二十

1961–8

按：此信為郵柬，寄給我母親收。信首部份被撕去，內容缺失。

……接到兒……執筆往還，無奈接到的信，叫我匯三百元應差餉之需，兒子第一次叫匯款，無能應負(付)，我只有抑(仰)天嘆氣，假如不是環境捉弄的我，就算是三佰元金銀，當即馬上付回，在此情況無計可試(施)之下，使我成夜不眠，左思右想，在於第二日突然就發燒了兩天，未知工作過勞及睡眠不足所故，現在已無事，照常工作了，今特執筆相告，惟對匯黑市一點，現在非常嚴勵(厲)，待下日如何，再字相告，現下古巴頗有戰事紛亂，[1]而我所居灣城，相當安靜，生意如常營業，見字請祈放心，好了，遙祝合家

愉快

炳勳　農・三月初三日

西・四月十七日

1　此指流亡在美國的古巴反政府份子在美國中央情報局支持下，入侵古巴，從古巴島南部的豬灣(Bahía de Cochinos)登陸，但只歷時三天(1961年3月17至19日)便失敗收場。

1961–9

按：此信為郵柬，與上一封日期相同，寄給我們兄弟收。

健璇、初吾兒知悉：昨日接到你的來信，由首至尾睇完，得知健雄小兒（？？），使我不勝快慰，同時你三兄弟已入蘇屋官立學校讀書，事關來往遙遠，出入務須小心，你三位年尚幼小，時刻一起返學回〔家〕聯絡一齊，緊記。

此次你的來信所云，均屬近理，惟望今後讀書倍加努力，集中精神貫徹下去，將來執筆成章，樂何如也。

同時更望多多來信相告，為父者，保證定有覆音，我在外平安，見字無容錦念，遙祝你們學業猛進，扶搖直上，好了，下次再談，順祝家中老幼旺相。

炳勳　農・三月初三日

即西四月十七日

1961–10

按：此信為郵柬，寄給我母親收。因集郵，此信撕去一角，部份內容缺失。

雪芳：上星期寫給你的信，現在又經七日了，在這七天當中，古巴的戰事，頗頗(頻頻)響起了戰鼓，相信你在家亦有所聞，或從報紙上看到，你的心相信朝夕懸掛著浪跡天涯的我，故所以自後每星期有信一封相告，生在亂世的環境下面，首先做到大家得到安慰，企免終日提心吊膽，故此特來一個給大家放心的消息。

這次古巴的戰事，非是在灣城，是在別的一省，戰事須(雖)然影響全世界，但不過三天已全面結束了，[1]現在相當平靜，沒有其〔…〕，個別的生意照常營業，而紛亂〔…〕亦未停過半刻，我身居世界上〔…〕方，宜我是力(歷)盡風霜的人，自〔…〕，見字勿為我擔心一切一切……

〔…〕你在家好好鼓勵兒子們努力讀書，對工作方面，量入為出，切勿過度操勞，保重身體為上，好了，下次再談。

愉快

炳勳　農三月初十
西四月廿四日

順代向家父請安，來信相告。

1　此指以上1961–8信中說過的豬灣戰役。

1961–11

按：此信為郵柬，寄給我母親收。

雪芳：前日寫給你的信，相隔又是一星期了，今天是農曆三月十七日，亦即西曆「五一」國際勞動節的那一天，前我給你的信，相信一定會妥收，現在對這個星期來當中形勢，沒有什麼特殊報導，惟在「五一」節日當中，全國舉行反侵略巡行，確實空前少見耳，但侵略的風雲，時刻籠罩著古島，目前的一週景象，比較安靜一點，見字不用惟(為)我的掛心，在外賤體粗安，對環境問題，我自當保重，見字懇老幼放心，好了。

同時希望內助勿因環境困難，而把頭垂低，一定要掙扎，在社會做人，好好地搞好美滿家庭，還要加倍培養和指導兒子們，一舉一動，言行舉主(止)，成為一個有用的優秀青年，將來家庭或者非常樂觀。好了，下次再談，遙祝家中老少平安。

炳勳　農·三月十七日

西·五月一日

1961–12

按：此信為郵柬，寄給我母親收。

雪芳：光陰過得真快，轉眼間又是一星期了，前我連續書信數封，未知你能否收到，昨在農曆本月廿二日收到你及兒子來信兩封，內情均悉，但說及匯款回二婆處的問題，真使我大傷腦筋，手續如此煩難轉達，同時在外亦(仍)然未準(准)匯，即能準(准)匯的話，亦要見(經)過申請，由銀行批準(准)方能生效，如此麻煩，未知何時可能實現，現在我接到信有二婆地址，倘能暢通，定當來信事先告知，好了。現在請內助勿妄動進行在港的一切事宜，企免自尋煩腦(惱)，為要。

關於古巴現下情況，對戰事方面，全無動靜，惟在環境問題，實有不堪回首之概，將來前途不能設想，有望內助克勤克儉料理家務，勿為我擔心一切，幸我在外賤體粗安，好了，下次再談，並祝家中老安少懷。

愉快。

炳勳　農·三月廿五

西·五月八日

1961–13

按：此信為郵柬，與上一封日期相同，寄給我們兄弟收。

春文、夏經、秋武、冬偉吾兒知悉：遙望諸位起居安康，飲食俱增，是父之遠祝也。

昨接健璇來信一封，上次的信亦見收妥很久了，我亦有信回覆，如沒有收到，相信一定失落，故字相告。

關於你們三兄弟入了蘇屋官立學校讀書，希望你們加緊奮勇學習，和時光賽跑一樣，效聖人的金石良言：「一寸光陰一分（寸）金，分（寸）金難買寸光陰」，掌握保（寶）貴光陰，深造知識，知識是將來處世之本，請你們三兄弟留意。

同時還望你們多寫多劃，多來信相告，為父保有回音，多寫多劃將來執筆成章，倘若懶惰的話，為父者亦不感（敢）再談已。好了，下次再談。並祝大家

愉快。

炳勳　西曆　五月八號

1961–14

按：此信為郵柬，寄給我母親收。

雪芳：一個星期又過去了，轉瞬間又一個星期到來，光陰過得如箭一樣的快，愧一稠（籌）莫展的我，徒然任由保（寶）貴時光如流水一般的去，如此的環境捉弄，該次的執筆，草不成行，實因心情影響所致，前我每星期有信一封，但未知你能否收到若干，現在茲有舊調重提，關於古巴戰亂，相告（安）無事，請見字大可以放心，前我對你說過，每星期有信一封給你們，現在已經平靜如常，或者會遲兩、三個星期然後有信相告不定，成（誠）恐你們掛念，故特字事前報及，企免誤會懸念，本來便（並）非我懶性執筆，無奈心情打擊之故，懇祈原諒……

好了，我在外平安，並祝家中老幼旺相，下次再談。

愉快。

炳勳　農・四月初二日

五月十五日

芳：我的通訊住址，用打字機寫回，自後請叫健璇照寫，加上唐字姓名便妥。[1]

1　我們歷年寄給父親的信，都寄到哈瓦那華區一間名叫廣安隆的商店，該店會將收到的信放在一起，由收信人自行領取，故此信封上要清楚寫上收信人的姓名。

1961–15

按：此信為郵柬，寄給我母親收。

雪芳：傾（頃）接你及璇兒同一箋紙來信一封，我已經收到了，信內說及一日共收到我的四封信，真是奇怪，我每星期一封，你看信尾的日子就明白，為什麼這樣，自古巴戰亂停止航空三日後，跟住航運恢復正常，我當然執筆每星期一封信交你，或者郵局抑航空公司擱落不定，另（令）你們掛心，此是我之罪連累你們提心吊膽，請勿計，好不？

關於東海及姑母之事，一切詳悉，但古巴匯兑然（仍）未能暢通，未知有可能實現否，倘若能通匯的話，我保證第一批有銀付回給他，現在待我回信給他們，將情形說個明白，同時代你的意思及處境相告，[1]加上良言慰解，請你居港放心，好了。

我在外粗安，體重已達一佰三十幾磅，懇在家放心一切，並祝家中老少平安，好了，下次再談。

愉快。

炳勳　農・四月十一日

西・五月廿五號

1　原文如此。

1961–16

按：此信為郵柬，與上一封日期相同，寄給我們兄弟收。

健璇、健初、健斌、健雄吾兒知悉：昨接健璇來信，在我再誦之下，三閱之餘，宜（而）不肯釋手，得知你們在官立學校小考的成績，健初似有扶搖直上，名列十四名，將來追到健璇，活現過去來信所講的話，克（恪）守諾言，今後希望努力斷（繼）續下去，為要。

健璇似乎落後一些，切勿因些少之差，影響壯志消沉，失敗為成功之母，請速搭原子飛機追上，爭取位列前茅，為父者一切不會計你，請放心……

健斌你三兄弟在有暇時，片刻多多溫習書本，莫放棄保（寶）貴光陰，緊記……

最小的一個是健雄，在外得知活潑可愛，不勝快慰，你們四兄弟，時刻護（互）助護（互）愛，好了，下次再談，並祝

愉快

炳勳　農．四月十一日

西．五月二五號

1961–17

按：此信為郵柬，寄給我母親收。

雪芳：上星期寫給你及兒子的信，相信收妥了，咁快又一個星期，早幾天我從報紙睇到，颶風吹襲港九的消息，此次颶風「愛麗斯小姐」比去年「瑪麗小姐」還要厲害，天文台懸掛著十號風球，水陸交通停頓，學校停課，居民紛紛應變，本人去年曾見此境(景)，現在須(雖)居異地，但片刻無時不懷〔念〕著我的骨肉，上至父母，下至妻子，及我的家庭，故特來字相問，我家的門窗有無損壞，及各人有無驚荒(慌)，懇來信一教，免天涯孤客朝夕懸望，好了。

還有一個問題，前函談及東海之事，他的住址何處，抑或回鄉居住，請即來信相告，現在正值進行工作準備開始申請匯款了，倘若住址不確，會影響白費心記(機)，同時手續亦非常煩難，下日如何，好音再報，好了，我在外平安，並祝合家老幼旺相。

愉快。

炳勳　農・四月十六日

西・五月三十號

1961–18

按：此信為郵柬，寄給我母親收。此信進一步說明了從古巴匯出款項的手續。

雪芳：未有執筆問候，瞬見兩個禮拜了，愚夫須(雖)身離萬里之遙，無時無刻不懸念著你辛勞養活兒女，我坦白相告，我愛妻兒矢智(志)不移，懇你放心，保重身體為要……

現在茲匯回金銀壹佰伍十元伸[1]人民券約三佰三十元左右，付回廣州市銀秀二嬸處，[2]我亦有信給二嬸，下日收到，定有信交你，由你負責分給各個親人，倘若不足，再來信給我再次匯上。現在待我把匯款情形相告，「首先由中華總會館登記伸(申)請，再由總會館向銀行申請，見(經)過幾日後，然後批準(准)，再由總會館登起報紙通知，在報紙上睇到有名，然後再往中華總會館辦理匯款手續，辦妥後，攜帶證件，再向古巴國家銀行匯款」，該次一百五十元連匯費一百五十八元現在由銀行匯出了，但係手續非常煩瑣，國家銀行每月付出一次，付回北京中國銀行，該次所匯之款，可能在西曆八月份二嬸方能得到不定，見字明白，事關時間關係，各個親戚我沒有信相告，由你辦理好了。

愉快。

炳勳　西曆七月三號

因申請問題，故此付回二嬸一人收。

1　「伸」即「兑換」之意。

2　「銀秀二嬸」即之前信件提到過的「松壽嬸」或「二嬸」，她丈夫名雷松壽，她自己名伍銀秀。

1961–19

按：此信為郵柬，寄給我們兄弟收。此信與上一信同一日期。

健璇、健初、健斌、健雄吾兒知悉：忽接你的來信，概已詳悉，信內談及幾個問題，均使我略放寸心，最值得為父安慰者，就是你們肯努力讀書，今後希望你們繼續用工(功)，發奮(憤)求學，正所謂「人望高處，水望低流」，似上樓梯一樣，一步一步登上高峰，將來的光榮前途，無可限量。次的問題，是健斌前日跌斷手骨，現須(雖)癒了大半，為父稍安，但兒痛苦，受在父母身上，你們知道不？你們若想孝順父母，首先不能損傷身體，是孝之始也。自後對於遊玩，千祈小心緊(謹)慎，緊記⋯⋯

第三個問題，得知健雄已會行走，本來心喜無限，但到底帶有幾分愁顏，少不免有別離之感，呀；未知何時重見矣。第四個問題，是颶風過境港九，我家一切安全，我亦得到安心，同時我在外粗安，是所告慰，並祝家中老幼平安。

愉快。

炳勳　西・七・三日

農・六月廿一日[1]

1　此處有誤，應為「農・五月廿一日」。

1961–20

按：此信為郵柬，寄給我母親收。

雪芳：昨接到你在六月初五日付來信乙封，妥收，當即執筆回覆，對於付回二嬸處之款，相信好快便會收到了，我不是前對你說過，由你進行主意，玆得接你的來信問及，我並無一點不同意的感覺，請你站在主幹立場去做，我決不會計你，見字懇你放心一切……同時下日收到款項情況如何，請即將情相告，待我再次匯回，以救急迫燃眉之需。內助此次問及回港事情，不禁使我兩行悲痛的眼淚，奪眶而流下來了，本來早兩個月想向你一談，無奈恐惹起你的憂愁，故不敢對你提及相告，現在你既然須要想個明白，我亦不敢再瞞你了，以目前居在古島的外僑處境，任你有沖（衝）天本領，加上一雙翅翼，亦無法飛出古巴的海島哩，任我做夢想不到又（有）今日的辣手，怕我已（以）前所講的話，不會有實現了，但我有一分熱度，發出一分光，總不相信把我溫（困）住，堅決克服沖（衝）破這個惡劣環境，惟望你切勿萬念俱恢（灰），落下決心，好好地把四個孩子教養成才，將來便是我家的楝樑，定有美滿的日子過著。好了，就此擱筆，下次再談，並祝

愉快。

炳勳　西曆．七月廿四號

農曆．六月十二日

附記：在這封信中，父親第一次正面談及從古巴回港的問題，自此之後，如何匯款、是否返港兩事成了最困擾他的問題，在家書中連連説及。閱讀以後的信件，結合我自己近年在古巴訪談老華僑所得，父親當時的考慮大概集中幾方面：一是期待古巴政局可能變化，因為政治波動在古巴很常見，不少華僑期望革命不久結束，古巴回復舊觀；二是尋找辦法轉移到美國或美洲其他地方繼續謀生，這需要時間部署和籌劃；三是對於回港工作感到恐懼，因為環境陌生，求職不易，我們在港是七口之家(祖父母、母親、我們四兄弟)，負擔特別沉重。這些顧慮，在父親此後的信件中可以逐步看到。

1961–21

按：此信為郵柬，寄給我母親。

雪芳：未曾向你執筆，以(已)經相當的日子，[1]相信你一定又計我的無情和不掛念你們了，是不？故此首先我對你説明，便非我有這樣的念頭，不過環境弄到我如此，圖(徒)然寫著一張信回來給你看看，我似乎認真慚愧，枉做四位孩子的父親，未能負起為父親的責任，為(維)持教養兒女，辜負妻妹的美意，事關如此，連舉手之勞的執筆，也懶惰疏忽起來，懇你原諒我的一切。

現在古巴最近來一個更換銀紙征(政)策，將所有舊銀紙，更換新銀紙，換句話等於清算一樣，首先每人最多取回二百五十元，再過一個星期，又準(准)每人提取最高不能超過一千元，其移(餘)盡行儲入政府銀行，每月只準(准)提取一百元，將來征(政)策如何，未知什(怎)樣，現在便中談談，宜(而)我沒有影響，見字懇你放心。[2]

幸我居外身體粗安，總至(之)一切請你不必為我擔心，在外我自當保重，還望你在家細心教養兒子，真(珍)重你的玉體，切勿多愁多慮，樂觀為人，好了，下次再談，並祝家中老幼平安

愉快

炳勳　八月二十二號

1　此信與上一封相隔近一個月。

2　古巴革命政府在1961年8月發行新貨幣，規定所有民眾在8月6日及7日這兩天將舊貨幣悉數存入銀行，逾期舊貨幣作廢。舊貨幣存入銀行後會折成新貨幣，但只能按政府規定的方法提取一定數額。我近年在古巴訪談老華僑時，得知若干華僑當時持觀望態度，沒有將錢存入銀行，這些錢後來變作廢紙。有幾位老華僑之後離開古巴，離去前只能忍痛將舊貨幣燒掉，因為在貨幣轉換後仍持有舊幣是犯罪行為。

1961–22

按：此信為郵柬，寄給我母親收。

賢妻妝次：自別芳顏，悠忽乙載，昨忽由七月初九、十二兩日之來信二封，收到，及有健雄照片三張，當即使我快慰忘形，小小一週歲孩子，如此聰明伶俐，活潑可愛，真不汪（枉）我前返港一行也。

繼續閱誦信內內情，不禁徘徊五內，唯話我貪戀異鄉，樂不思歸，另添新歡，未免太冤枉我哩！難怪你因生活環境而發勞搔（牢騷），現在我坦白告訴你，人非草木，或有三時兩刻，尋花問柳，此出洋客人之常情，而納新歡之舉，從未敢忘（妄）動此念，請你相信，我不是無情漢，亦不是薄倖男，無時片刻不懸掛著我的妻兒，可恨志願未嘗（償）〔，〕辜負妻子，累你們受盡凄涼辛酸，此是我之罪也，還希諒解我的一切，好不？

關於機票購買問題，目下古幣須（雖）不通用，還要靜待時機，[1]假若到最後關頭，然（仍）不如願，寧可身死異域，堅決不願搖尾乞憐之狀，有損我的壯志，但賢妻的美意，自當心領。感謝愛郎的真心，使我兩行熱淚，奪眶漣漣，伏乞同情我的處境，那是感激不盡！

1　這是父親在信中首次提到如果離古回港的話，有機票問題要解決。關鍵是不能在古巴國內用自己的錢買機票，必須從國內匯入款項，手續相當繁複。在往後的家書中，此問題一再被談及。

芳妹，現在待我再次申請付銀回大陸，事關匯款轉駁時間太長，正是望窮秋水，下日批準(准)如何，再字相告。下次再談，並詢

妝安

炳勳　農．七月十八日[2]

2　即陽曆8月28日。

1961–23

按：此信為郵柬，寄給我收。此信與上一信同一日期。

健璇吾兒知悉：頃接你母親來信，據說稱及兒前有信付到，但忙中未有加寫唐字姓名，故此沒有得到，及後經過追查，方知該信已到，但因該信沒有收信人名字，當時由廣安隆號開了，依然無法知收信是何人，因此擱落，後來未知落在誰人手裡，到今仍未查得，下日如何，將情再報，希望自後每做一事，務須回頭三顧，審慎宜(而)行，切勿馬虎，事無大小，企免一失足成千古恨，你要明白，現年尚屬幼小，竟有如此的大意，成(誠)恐將來，正所謂「江山易改，品性難移」，今後希望馬上走(糾)正過來，每幹一事，務達「青出於藍」為宗旨，同時你為兄弟之長，還要領導三位弟弟一齊向上，緊記好了，並祝你們康健愉快，學業猛進，為父在外幸得粗安，無容錦念，下次再談，並祝

愉快。

炳勳　農 · 七月十八日

附記：此信清楚顯示，我們當時寄信給父親，寄的不是他居住的地址。後來我到了古巴，憑郵柬上地址找到廣安隆所在，還尋訪得廣安隆從前的少東鄺景雲老先生，因而確定了廣安隆是很多華僑收取家書的地方，當時的華僑很少有自己的居所，往往就住在工作的店鋪，故此大家多利用哈瓦那華區的商號收取家書。參見雷競璇：〈夏灣拿的地址〉，《遠在古巴》(香港：牛津大學出版社，2015)，頁6–9。

1961–24

按：此信為郵柬，寄給我母親收。

雪芳賢妻妝次：昨接吾兒來信，收到，同時並將二嬸之信轉譯相告，得知前匯之款，現已收妥，現待我再行申請付些回去，下日批準（准）實情如何，何日由銀行付出，然後詳細報及，事關收銀時間甚長，故此不便及時相告，成（誠）恐朝夕懸念，希祈願（原）諒，好不？

芳妹：此次未經（見）有你隻字到來，我相信你一定非常鬧（嬲）怒於我，前信距（拒）絕求緩（援）回港的善意，舊恨難平，口稱嫁差[1]我一個如此無情薄倖的郎君，辜負你神聖真心的愛情，故此，懶於執筆往還，竟充耳不聞算了，是不？如我不猜誤的話，那就是計差好人了，其實我的心，始終未移，刻骨印心，懷念我的妻兒，無時片刻不營（縈）繞我的夢裡，不過環境迫人，至另（令）妻妹迷冤（埋怨），但我不因困難而恢（灰）心，終有沖（衝）出生天的一日，走上光明的路途，現在不應以筆墨描寫，對你相告，懇妹暫忍一時，自會明白。好了，下次再談，並祝

愉快。

炳勳　農曆七月廿六日[2]

1　此句中的「差」字作「錯」字解，粵語常用。
2　即陽曆9月5日。

1961–25

按：此信為郵柬，寄給我母親收。在這信中，父親再次提及回港的機票問題。

雪芳賢妻妝次：頃接你由八月初二日來信一張，領悉一切，剛剛我去信給你一星期，相信你亦能收到了，咕(估)不到漂泊天涯孤客，雪中送炭尚有人憐，真出乎我意料之外，前信我對你的猜法，懇你恕我一切，感激芳妹如此關懷，使我筆墨不能形容，不愧良妻賢母者也；關於在外糧食方面，須(雖)有青黃不接之狀，但事實上未有饑餓之危，見字無容錦念，請你放下這牽掛包服(袱)，憂會傷人，古有明訓，你知道不？

對於回港機票問題，現在請你不應忘(妄)動此念，暫時仍未贊成你的做法，見字切不可輕舉忙(妄)動，等候時機，愚夫須(雖)無孔孟之才，但不是蠢子庸夫，總至(之)待走到最後一著，然後打算，相信天無絕人之路，現在對你來一個保證，堅決不辜負你的好意，請你相信我好了。

關於借別人證件匯款回大陸，此是妙想天開，代(待)我略說，首先在登記證明書上面，寫明滴(嫡)親關係，姓名籍貫年歲生活住址等一切，否則不是自己家人，一律無效，你看幾許無家人在大陸，不能匯款，同時經過幾個月審查，然後收到款項，此是這個緣故，幸我在登記時早就將二嬸填作家嫂一欄等手續，[1]方能通匯，否則連我都沒有辦法，現在第二次款項，可能

1　原文如此。

在農曆十月中旬收到，事關時間過長，現在我有一個不情之請，關於小歧山姑母家境淒涼，懇速付廿元交她，相信你亦同情，好了，在外賤體粗安，是所教（告）慰，下次再談，並祝

愉快。

炳勳　農八月十一日[2]

2　即陽曆9月20日。

1961–26

按：此信為郵柬，寄給我母親收。在這信中，父親說原則上同意回香港。

雪芳賢妻妝次：自八月廿四付來的信，昨已收到，內云幾項問題，均屬近理，最突出的就是回港教育兒子問題，使我動起腦筋，想了一夜，自嘆生長不逢時，到處是風火雲湧之地，即現在古巴，亦不是我藏身之所，生活一日緊過一日，生意方面亦相信快要相繼閂門，不過過去我愁你憂心，不敢正面相告，事關我是曾見滄海的人，大陸一切我非常明白，假若對你說明，無非多使你擔心，但我早有狡兔三屈（窟）之心，肯定在外前途無望的時候，堅決回家，寧可過著清茶淡飯生活，不堪繁華富貴之想，正所謂知足者貧亦樂，不知足者富亦憂，何必受盡妻離子別的殘浩（酷）痛苦，現在原則上我答應你回港，待我把一切手續搞好，然後佳音相告。

關於老人家所講的一切，請你不必太過認真，過去所匯之款，須（雖）有百份之五十係他的，但有一半是我的，本人自知罪甚，把千辛萬苦得來的金錢，用在不正確的途上，請內助原諒一切，好不？[1]

1　讀此數語，可知我父親的匯款主要交給我祖母，她操縱了家庭的財政權。這恐怕也是當時華僑家庭的常態。

對於寫信叫濃琰修理牆碧(壁)之事，待我由新大眾付回給他，[2]事關琰哥找食的人，未知能否代我找培夫修理否，[3]須(雖)屬知己兄弟，但恐環境未必同情，好了，下次再談，在外粗安，並祝合家

康泰。

炳勳　九月初三日[4]

2　「新大眾」是台山同鄉開的一間店鋪，在深水埗區，賣毛織衣物，1959年開張時我父親適值在港，贈送一個花牌給該店作慶賀，樹立在樓宇的外牆，從前我們家中還留有照片作為紀念，但現在找不出來。我小時候跟隨父親到訪過此店。

3　原文如此，詳情未悉，可能關於維修鄉下房屋的事。

4　此應為農曆，即陽曆10月12日。

1961–27

按：此信為郵柬，寄給我們兄弟收。此信與上一信同一日期。

健璇，健初、健斌，健雄吾兒知悉：闊別你們不覺一載有餘，回憶在家時候，常聞你們口口常稱奮力讀書，言尤(猶)在耳，昨忽接你母親來信，説及你們讀書非常懶惰，比前有天淵之別，使我一個晴天霹靂，估不到你們半途宜(而)廢，始勤終怠，辜負父母愛你們苦心，為父者亦感失望，懇你們用清醒的腦根(筋)想想，學如「逆水行舟不進則退」，你們年尚幼稚，初出茅廬，未曉人情世故，更不明處世倒無滴墨之苦，我是過來人，一切不會計你們，惟望你們回頭是岸，譬昨死而今生，今後努力發奮(憤)讀書，是為父者平生願也。否則，懶惰成性，知差不改，則我們前途當不堪設想也。良言相教，緊記莫閒，下次再談，並祝

愉快

炳勳　農·九月初三日[1]

1　即陽曆10月12日。

1961–28

按：此信寫在信紙上，寄給我母親收，信封已失去。

雪芳賢妻妝次：未見執筆，以(已)有四個星期了，奈因環境影響心情所至(致)，弄成我如此疏忽及懶惰成性，萬望海量放(汪)函(涵)，原諒一切，但你亦沒有魚雁往還，相信你工作一定很忙，無暇兼及，真是我的連累你，罪在吾身，對不？

現在茲匯回廣州市二嬸處古幣二佰元，同時亦有信通知二嬸，收到後，定有信相告你，由你如何酌落，此次匯款比前申請更漫(慢)，單純申請，費時一月，然後批準(准)，現在已以銀紙匯入古巴國家銀行了，然後敢方(放)[1]膽寫信相告，但未知能趕及過新年否，我亦不知，下日收到如何，惠我好音。

芳妹，對於回港問題，略談一筆，一切一切手續，全面辦理好了，除(隨)時可能離開古巴，如何(果)尚有困難，就係機票問題，奈因古幣無法購買，目前未能試(施)展，但我相信不會困在古島受苦，懇你放心，你看過去我返回古巴的時後(候)，完全自己奔走，動用腦筋，事事一帆風順，此是唯一證據，現在寄(既)成差誤回來，豈真無法離開，不過時間性吧(罷)了。[2]

對於時局情況，無須再贅，但幸而賤體粗安，是所教(告)慰，遙祝合家老幼康健，並請

妝安

炳勳　農十月十三日[3]

1　台山話「方」、「放」同音。

2　此段中說的「一切一切手續，全面辦理好了」相信不是實情，只為安撫我母親。

3　即陽曆11月20日。

1962

1962–1

按：此信寫於信紙上，寄給我們兄弟收，信封已失去。

春文、夏經、秋武、冬偉吾兒知悉：接到你的來信已有一個半星期了，適啱[1]年節時間當中，無法抽出空暇及時間回覆，同時等候收到你的聖誕咭，現在然（仍）未收到，故此擱至現在，放（方）能執筆答覆。來信有云，喜歡集郵，向為父有問能否做到，我老實對你們講，就算心肝能挖出的話，都送給你們，何況區區小事，古語有云：父母愛子，無微不知（至），不過為父者有一個要求，未知你們能做到不？就是「努力讀書」，還要兄弟和睦，不準（准）相打，倘若能夠的話，下次再尋特色的郵票寄回，現在寄回的有幾十種，其中有相當國籍不同的，不過找尋一日時間，就在昨星期日的一天，往朋友及西友處取回，倘若收到，能切實答覆我的問題，再找多些寄回給你，否則，徒口空談，我亦不浪費如此時間，你們知道不？

關於健雄年尚幼小，來信所講，會爬床枱等，千祈小心照顧，你們曾記否？健斌的手，正所謂前車可鑑，好了，下次再談，並祝你們兄弟

愉快

炳勳　西曆元月八號

1　「適啱」即「剛好」之意。

附記：父親從古巴寄回郵票給我們的事情，我至今仍記得。當時我們兄弟愛上集郵，但因為家貧，無從購買舊郵票，於是想到寫信向父親求助，他真的寄回一批用過的郵票，不少是蘇聯、東歐等國家的，我們之前沒有見過。有了這些郵票，我們就可以和其他集郵的友人相互交換。又：因為要寄回舊郵票，父親這封信不用郵柬，而是用信封信紙，之後的兩封信情況相同。

1962–2

按：此信寫於信紙上，寄給我母親收，信封已失去。

雪芳：疊接你的信兩封，本來早就執筆答覆，奈因該（個）[1]性懶惰，擱到現在，你前來的一封信說出使我慚愧，其實你睇錯了我信內的意思，實在我便無半點罵過你，及冤（怨）恨你，此是你自己誤會解差[2]信內句法，我只有冤（怨）恨我生不逢時，處在亂世，或者有作猜燈迷（謎）式的咭（估）你，並非罵你或恨你，請你翻閱我的舊信睇準內情，前日回覆內妹順意的信，亦沒有恨罵你，是你自己誤解，弄出不好意思的風波，懇你即刻對意妹[3]認差及請她原諒我。後來的一封信，知道付回的銀收到，可惜鞭長莫及，趕不住過春節，本是環境造成，亦屬我的罪過，還望內助多多原諒。現在茲又匯來古幣壹佰伍十元正，該次匯款，相信在農曆三月尾可能一定收到，待廣州二嬸有信相告，千祈馬上加鞭回信給我，繼續匯回，還望賢妻生活上可能得過的話，不好太過辛苦工作，保重身體為先，我在外幸獲賤體粗安，工作方面，時間相當長，每日做到夜十點，但不是辛苦這等賤役，不過是企銀櫃及櫃面的輕工，請你不好掛心。[4]

---

1 台山話「該」、「個」同音。

2 此句中的「差」字作「錯」字解。

3 「意妹」即我姨母，字順意。

4 父親在這裡少有地提及他在古巴的工作情況，據之後的家書透露和我到古巴尋訪所得，我父親在哈瓦那市近郊的雜貨店工作，看來是親戚或同鄉開設的店。

維昌二叔返回香港，是不？我不知，前曾見我有信寄給他，意欲圖往美國，不過事未成，我未敢寫信向你相告，照目前來睇，相信好夢成空，但我堅決不壯志消沉，一定為家庭為兒女奮鬥到底。[5]下日如何，好音再報。

愉快

炳勳　一九六二年西二月十四日

5　這一段提到的「維昌二叔」是一位在美國的宗親，父親曾經寫過信給他，打聽從古巴去美國謀生的辦法。

1962–3

按：此信與上一封日期相同，亦寫於信紙上，寄給我們兄弟收，信封已失去。

春文、夏經、秋武、冬偉諸位吾兒知悉：你前日付來的聖誕咭，以(已)見(經)[1]收到得久了，這聖誕咭的山水圖，真使我滿意，接著又收到你付來一音，知道你們收到我的郵票，獲得更好成績，該次最值得我喜歡的，就是三子健斌，能位列第三名，兼能獲得圖劃(畫)冠軍，此是勤力的表現，值得為父的表揚，遙望你們繼續努力，扶搖直上，切勿驕傲自恃，你們還記得不？收到郵票之後，答應我的願望，保證勤力讀書，萬望切實做到，現在又夾來舊郵票許多，意思就是加一倍物件等於加倍的勤力讀書，你們話對不？倘若收到，能徹底做到，下再付多些你們，決不訛言；但你們對父親的要求願望，此次來信說出要父親「保重身體」，我堅決答應做到，為父者不但應成(承)，精神上還得到無限安慰，你們小小年歲，居然能孝心可嘉，關懷父親健康，使我不知用什麼言語形容，在外幸得粗安，並祝家中老幼康健，下次再談；

愉快

炳勳　一九六二．西二月十四日

1　台山話「以見」、「已經」同音。

1962–4

按：此信為郵柬，寄給我母親收。

雪芳：昨十四日寄給你的信，轉瞬間又一個星期了，在忙速的執筆，或者有出言不善，握(得)[1]罪了芳妹的地方，請你切勿太過認真，其實我過去的每一封信，未曾有罵過妻妹一句，你想過去同居一室於港九半島，或我有一時皮(脾)氣，不過一兩分鐘了事，相信我的心理，芳妹你亦明白多少，何曾有冤(怨)恨你之理，此是你聰明你作，[2]計差了好人，其實我愛妻兒的心，矢志不移，決不做無情無義的人，不過志願未成，有辜負妻兒之概，萬望多多原諒，好不？

芳妹你每日天未亮返工，健雄幼小靠何人照料，健璇三兄弟又回校，是不是祖母照顧，我須(雖)身離萬里，無時不念及我的孩子，懇你對我一談，企免我懸懸五中，每日福(伙)食生活如何，孩子們有無飽暖，抑或清茶淡飯，本來我不敢問你，無奈我愛子情切，愁恐孩子們受罪人間，希望賢妻諒我。

該次所匯的古幣一佰伍十元，肯定在農曆三月底得到，倘若收到，請即將情轉告，為要。

1　台山話「握」、「得」同音，廣東話「得罪」即「開罪」之意。
2　原文如此。

我在外身體平安，生活安定，切勿為我掛心，好了，下次再會。

愉快

炳勳　西二月二十一日

十四日寄回的舊郵票，得收，順覆。

1962–5

按：此信為郵柬，寄給我母親收。

雪芳：前接到你的信，不覺將有一月，昨又接到兩位兒子的信二張，方知道你懸望著我的覆音，一時疏忽執筆，使你擔愁，實對不住，其實我在外便無其他，每日照常工作，三餐飽食，身體比在家時還好一些，請你放心一切。

前付廣州的一百五十元，相信本月尾收到，前我有信給二嬸，叫她交二十元人民幣給東海，其他的由你如何處理，現在又有一個消息，本來不敢對你相告，無奈夫妻之間，必不得已直言說出，現在匯回大陸款項，除父母、妻、子四種親屬外，其他的親人，暫停不匯，下日變遷如何，必即來信相告，古巴的環境，比前大不相同，當初我想圖往轉達美國及加拿大，曾經有信聯絡美方，及加拿大華鉅，除兩處外，其他地方一律非吾所願，但直至現在全無頭絲(緒)，亦已經擱落了，相信做夢的想法，古巴批準(准)出口過國等於由大陸出港一樣，有的朋友欲圖沖(衝)出生天，走關[1]過美，被鎗打死者，不下幾十人，但我從未有如此斗膽的思想，等待環境轉變到如何，然後再作上計。在外身體粗安，並祝家中老幼平安。

愉快

炳勳　四月二十日

1　「走關」即「偷渡」之意，為古巴華僑用語。這裡所説屬實，當年華僑冒險乘船偷渡到美國，有人在海上被射殺，被捕回來的要坐牢。

1962–6

按：此信為郵柬，寄給我母親收，憑其內容推斷屬1962年。

雪芳賢妹妝次：今天適值古巴颶風過去的第一日，執筆，該場颶風對本處絕無損害。目前古巴狀況，須(雖)四面楚歌，戰雲滿佈，信是製造空氣，其實並無什麼形影，見字懇祈勿念，[1]關於申請問題，二方面已經積極進行，願望早日離開暗無天日的古島，但現在仍未敢果斷何日達到理想，故此，刻下未敢奉告，待稍有消息，再字捷報，以慰懸念，好了。

芳妹：我有放心不下的言語對您說說，懇您勿謂(為)我時刻憂愁，影響您的工作和健康，務要保重千金之體，不勝盼切之至，遙祝

愉快

炳勳　夏曆四月廿一日[2]

1　這裡說的「四面楚歌，戰雲滿佈」相信和此年10月爆發的古巴導彈危機有關。

2　即陽曆5月24日。

1962–7

按：此信寫於信紙上，寄給我母親收，信封已不存。

雪芳：和你別後，不覺兩個寒暑，昨日接到你的朵雲及相片，使我痛盡肝腸，事關你的照片，比前瘦了好多，是不是你冇飯吃，抑或因工作過苦而又抽不出時間吃飯，弄成身體如此，正是我的罪過，自愧無德無能，維護妻子，亦寃(怨)上蒼捉弄，萬望時刻保重千金之體，切不好謂(為)漂泊人多愁損身，臨書下淚，不勝盼切至之(之至)。須(雖)然我沒有執筆多時，奈因工作影響，其實便無其他，切勿疑雨疑雲，對匯款方面，現須(雖)限制，待我另行設法，假若連匯款不通，處在這個無用的古島，實屬不應我的留戀，[1]下日如何，將情再報。

雪芳你倘若抽不出時間寫信，可叫健璇代寫，這樣還可以增加他的知識，另一方面企免自己勞苦過度。

我在外身體粗安，工作朝夕如常，絕未有受到任何影響，惟對轉往別國的事，相信好夢成空。好了，下次再談，並祝合家老安少懷。

炳勳　六月六日

1　原文如此。

1962–8

按：此信為郵柬，寄給我母親收，所屬年份憑信的內容推斷。

雪芳：在一個禮拜當中疊接你來信兩封，內情一字一淚，另(令)我肝如刀割，講到同情心伸出同情之手，使我啞口無詞，但我不是無情之輩，亦不是薄倖之徒，絕對同情你在家何等痛苦，愧環境作弄於我，直另(令)妹飽受捷(淒)涼，我願負完全責任，惟對黑市匯款問題，須(雖)有一百二十元付港一百元，[1]但非相熟及知己不敢接受，事關非常危險，而我又不相識，加上現在百業凋零，更覺得認真吃力，在此情形底下，懇內助原諒我一切……前付回大陸之款，下日倘若收到，如亞意妹返入大陸，叫她取款購貨，帶回香港，轉換港幣，以救急迫燃眉之需，此事未知可行否？在百般無計可試之際，實屬萬分慚愧，如長使(此)下去，則我亦無面敢見大家矣，臨書涕泣，不盡所云，好了，下次再談，並祝

愉快

炳勳　農曆．五月廿八日[2]

1　此處所指為當時的黑市匯率。

2　即陽曆6月29日。

1962–9

按：此信寫於信紙上，寄給我母親收，信封已不存。

雪芳：沒有寫信問候你，不見(經)不覺幾個星期了，昨日接到璇兒的來信，方知道累你終日懸掛，事實上我寫一封信有何困難呢，亦並不是抽不出執筆時間，為什麼我這樣懶惰呢？問心自覺慚愧，今後我決定兩星期執筆一次，用來補嘗(償)我的罪過，懇妹多多原諒！

翹想你居家一定非常辛苦，環境如此迫人，萬望你加倍保重千金之體，現在連匯款停止不批準(准)了，申請往別國我亦沒有辦理，舉世紛亂之際，到處一樣困難，總至(之)再候一些時期如何，寫信對你果斷下去，請你放心！

古巴茲值糧荒之期，幸我工作如常，豐衣足食，未有半點缺乏，而有身體粗安，是所告慰，遙祝家中老少康健，下次再談。

愉快

炳勳　八月二日

1962–10

按：此信連同下一封都寫於信紙上，用同一信封寄回，信封猶在，其上寫我祖父名字收，此封給我祖父祖母，另一封給我母親。父親自從1960年8月返回古巴後，極少寫信給我祖父母，從這一封的內容得知，為了祖父要過七十壽辰，他不得不執筆來信。

雙親大人膝下，敬稟者：久未音問，自知罪甚，惟望大人多多原諒不肖兒一切一切，昨接家中來信，承慈母之命，談及家父七十高齡大辰慶典，身為人子，遠離膝下，問心有愧，可恨環境捉弄，匯兑不通，辜負親恩，使我有口難言，並非兒在外懶惰，亦不是無理志（智），更不是不念雙親及家人，只恨天不造美，未許兒報答養育劬勞之恩，累雙親綺（倚）閭懸望，八月廿九乃家父壽辰，兒常在腦海之關（間），慈母問及主意如何，恕兒未敢如此斗膽果斷，事關外匯硬（梗）塞，縱有過人本領，無能匯出銀兩，非是不從母命，亦不是沒銀在手，現在兒每月收入，最底（低）佰元以上，倘若不信，懇即來信一問家銘及宜宗，自然明白在外一切如何情形，惟對這件喜慶，請家母作主，俗話云：識殊（時）[1]務者為英俊（傑），在此不良環境下面，何必太守舊禮，況且雙親年登古稀之年，本應修身靜養，又何必以（與）人家及

1　台山話「殊」、「時」同音。

舊禮教爭面子，對不？勿計不孝兒言出不善，好了，在外粗安，是所告慰，專此敬請

金安

不肖兒炳勳　西八月十五日

即農．七月十六日

附記：對祖父七十壽辰一事，我現在仍有記憶。按歷來習慣，此日應該宴請親朋以作慶祝，祖母大概是為此去信父親，詢問他意見並請他匯錢回來，結果父親答覆如上。我記得母親為了此事張羅一番，最後沒有到酒樓擺壽宴，而是在我們家中設酒席，請親朋前來慶賀。也是在這一天，我唯一一次聽到母親叫了一聲我祖母「婆婆」，台山人的用詞是「安人」。

1962–11

按：此信給我母親，有關說明見上一封按語。

雪芳妝次：昨接來信，情況一字一淚，實屬難為了你，使我未及看完，不禁熱淚盈眶：總至（之）一切罪咎，萬望原情體諒，更望克（刻）苦耐勞，維護家庭，尊敬家長，勉勵孩子好學，此（使）我家溶溶洩洩，[1]那是我感激不盡。來信說及維昌二叔將近回美及懇他幫忙等情，相信你們居家不第（大）[2]明白往美手續，且待我將情對你們談，現在入美標準條件有二：第一，未入古巴籍者持國民政府護照往美，每年限一佰零五個入美中國人，包括全世界任何地方，便不是單純在古中國人，這條條件比上天上月宮更加困難，世界如此寬闊，那裡還有聯（輪）[3]到我們呢？一定實行不通。第二，是入了古巴籍人，申請條件入美，是丈夫申請妻子，相反妻子申請丈夫，抑或父母申請子女，除此以外全面不準（准）申請，即此（使）申請亦不生效，而我未入古籍，就算入了古籍之人，亦非常艱難，比大陸出香港百倍的困難一樣，試想上面的兩條條件，全不適合我的身份，徒勞心記（機），[4]同時求人之事，我亦三反四履[5]想過，除了生身父母及有骨肉關係親人，

1 原文如此。
2 台山話「第」、「大」同音。
3 台山話「聯」、「輪」同音。
4 台山話「記」、「機」同音。
5 原文如此，即「三番四次」之意。

那(哪)裡還有人肯雪中送炭，社會多數人情冷暖，世態炎涼，這個黃金夢，怕是做夢的想法，事關入美非常艱難，誰肯任冤(怨)任勞負起完全責任，現在我亦不想搖尾乞憐，目前須(雖)然身臨絕境，千祈樂觀為人，保重身體為要。

再談古巴現在情況，匯兑方面完全停止，連黑市一律根絕，目前又是糧荒，個別按月配糧，每人每月上米六斤，生油一斤，豬骨一斤，荳類及其他等等物件，雞每月二斤，牛肉二斤，牛奶六盅，還有其他額定配給，不能超過，有的失業華僑，搞到朝餐夕粥，幸我的正常工作穩固，絕未有受到何方影響，同時薪水相當，切勿疑雨疑雲，愁恐在外饑餓，等候時機一到，自然會沖(衝)出生天，再續天倫之樂。

茲有一個重要問題，須千祈留意，請即對我家住宅許先生即許錫明胞兄行船情形一問，事關「香港船務公司」有許多行船人載大陸貨物前來古巴，我想利用這個機會，托他帶回物件，及變相駁回銀紙，請問許先生有無直接來古，或介紹知己及千金可托的朋友，到來與我相識，如許先生未回家，待他回來向佢説明，懇他幫忙，須找一位相識忠誠老實的人，到來古巴與我面商，自有充份辦法，此乃雙方利益，決不會損害他人，茲夾來接洽處及我的電話在內，他日找到有人，就將該紙交他帶來，在溯源堂一等，用電話通知我，當即前到會見，此紙用作他日的證據，我見到該紙即證明是委托的朋友，方能放膽辦理，此乃萬全之計，請留意焉。[6]

在外幸獲賤體粗安，三餐如常飽食，最使我失望者，得到銀紙，沒法付回接濟家需，至另（令）孩子們得不到充份享受，身為人父，怎不抑（仰）天推（椎）心而長嗟短嘆呢！

惟有遙身恭祝家中老幼全體安康，是愚所厚望，好了，下次再談，並祝

愉快

炳勳　西八月十五日

農七月十六日

懇交李氏家嫂[7]

6　這一段所說，是我們當時為了幫補家計，將住處的兩個房間出租，其中一間租給了一個許姓家庭，這個家庭有一個兒子當海員，故此父親想出這樣的辦法。其中提到的「溯源堂」是雷、方、鄺三姓的宗親會，在哈瓦那置有大樓，今仍在。

7　這封信放入寫給祖父的上一封之內，故有此語。

1962–12

按：此信為郵柬，給我母親。

雪芳妝次：前付上兩封家信，諒必妥收，首封有二張小型相片在內，次一封是夾在家父信內付來，相隔又見(經)兩個星期了，每當寫信的時候，心情上非常矛盾，不知用何言詞對你解釋，惟望你看破環境，切勿觸景傷情，須(雖)然目前困苦一些，但係比上不足，比下有餘，試看貧苦跖街邊的窮人，亦一樣過著生活，正所謂人無千日好，花無百日紅，何必自尋煩腦(惱)，總至(之)食宿能解決，一依(於)[1]不理地厚天高，達觀為人，保重身體第一，那是我所厚望呀！

前書蒼(倉)卒，未盡細詳，關於懇本宅許先生介紹一位行船來古巴的朋友，倘若找到有人的話，請你寫信通知我，同時把他真姓名報告，留意。再談環境問題，相信找食於古島，不是長策之計，但係現在插翼不能飛，尚有何言，老實話說一句，世界到處戰亂頗頗(頻頻)，那(哪)有找到美滿願望呢！正是知足常足吧(罷)了；[2]幸我時刻身體粗安，亦是平安千金，下次再談，遙祝家中老康少懷。

愉快

炳勳　西・九月一日

舊・八月初三日

1 台山話「依」、「於」同音。

2 原文如此。

1962–13

按：此信為郵柬，給我母親。

雪芳：初十日接到你的來信，內云匯款的計策，本屬表面思想，微不足道，我最後付回廣州的一百五十元，是三月十二日匯出，跟住十四日又申請了，但到現在，全無下文，最近倘有人在大陸收到古巴的款項，是在早三個月前由古巴匯出的，這等還是未曾匯過銀的人，現在已經停止將近三個月匯款了，無論什麼條件，全無銀行接辦，假若稍有辦法，在早我的銀回到大陸了。[1]

又十五日接到健璇、初二位兒子的信，談及該次颶風，對我家便無損害，在未接到這信之前，確實使我飲食不安，事關在報紙上睇到香港颶風情況，幾十年來少見，什（怎）不另（令）我提心吊膽，現在已放落心了。[2]

關於前信所提，懇許先生代我〔千〕祈訪一訪，該等船務公司，是由香港返入大陸載貨轉來古巴，船員多數是居住香港的，倘若查不到，待我在外遇到海員，問清楚何間船務公司及情形如何，再字相告，做事要有恆心，必定成功，好了，在外平安，遙祝合家安康。

愉快

炳勳　農．八月十六日[3]

1　原文如此。

2　所說為颶風溫黛，是年8月27至9月1日吹襲香港。

3　即陽曆9月14日。

1962–14

按：此信為郵柬，給我母親。

雪芳妝次：剛剛兩個星期，又係我執筆的時候，在未談話之前，首先借問一聲，現下岳母及各親戚近況如何，事間（關）從未見有字提及，相信大家都處在前路茫茫的一邊，未免不會生疏一點，此是環境造成，個別謂（為）著生活之計，何來閒心説親及疏呢！但係，不過遇到困苦艱難，切不好因艱難而恢（灰）心，艱難〔屬〕每個人生的過程，希能鼓起勇氣，多多來信慰問，惟對家庭方面，更要倍加，相信任何艱難，一定被勇氣戰（征）[1]服了。

現在十月一號橋（僑）匯又開始辦公，但係只準（准）今年未匯過款的人匯款，付給父母妻子準（准）一百元，此外親人準（准）五十元，這樣條例，確苦煞出外人了，就算獲得批準（准）匯款，亦是滴水沾牙，何際（濟）於事呢！

雪芳你前信所談，健璇兩兄弟補習英文夜班，千祈要鼓勵他，就算家無一文，亦設法教他，企免誤他將來前途，至緊……

在外身體平安，見字無容錦念，遙祝家中老幼旺相。

愉快

炳勳　農九月初二日[2]

1　台山話「戰」、「征」同音。

2　即陽曆9月30日。

1962–15

按：此信為郵柬，給我母親。

雪芳妝次：你初十日給我的信，昨十五日收到了，使我連睇幾次而未放手，你常為我食睡不安，損殘自己身體，更使我心中難過，現在我身居古島，須(雖)然恰似籠中鳥，網中魚，目前須(雖)不能離開，但我曾經對你說過，終有沖(衝)出生天的一日，到現在你然(仍)不信我嗎？我須(雖)無孔孟之才，但不是蠢子愚夫，難道這麼環境尚看不清楚嗎？況且又是過來人，曾見滄海，待我老實說明，機位銀紙，時刻準備，計劃準備申請大陸，再轉出來香港，相信以華僑身份申請出港，一定如願，現在常有人做藉觀光名義回大陸，不過我再候一個時間，見字懇你放心，務須保重身體，一切與(以)樂觀主義為旨，此是我的迫切盼望也。

關於某些船務公司來古，適值這個時候美國封鎖太嚴，沒有海員抵埗，未能及〔時〕相告，懇在港片(時)刻打探機會，世上或有偶然之事。

對於小歧山村林錦歡之事，我亦與他相識，不過這問題，待我再次考慮，放(方)為上策，好不？[1]

在外身體粗安，工作如常，是所告慰，並祝家中老幼康健。

愉快

炳勳　農·九月十六日[2]

1　小歧山村在台山，這位林錦歡為當地人，是位海員，估計母親建議向他查詢是否會航行到古巴，若然，請他幫助，關於此事，參見以下1963–22信。

2　即陽曆10月14日。

1962–16

按：此信為郵柬，給我母親。

雪芳妝次：今天是十月初二，又係我執筆的日子，此次確使我筆未下而淚兩行，情欲陳而腸先百結，緣因經濟問題，無法可試(施)，[1]接濟家費，相信過年款項，或許不能如願了，處在這等環境下面，枉我真心一片愛護你們，但環境騙(偏)要把我為難，真使我不知用何言語解釋，惟望內助莫因無助而影響心靈，展起雌威，遇艱苦之事，如貽甘，力(歷)危險之地，如平途，沖(衝)破這惡劣環境，恕計無德無才的我，[2]那是愚所感激不盡！

近來幾天，古巴政局非常緊漲(張)，現在仍未解決當前局面，不過受著美國的威脅風雲，相信沒有什麼大礙，但我時刻小心行事，對封銷(鎖)問題，鬧出糧荒，而我不受影響，依然照常工作，見字懇你們放心，下日如何，再告。[3]

現在健璇兩兄弟有無補習英文，倘若追不上課程，鼓勵他剖(倍)加用功，看他弱點在何，設法指導，務須為他們打好基礎，此是為父母(者)的責任，是不？好了，下次再談，在外平安，遙祝家中老幼幸福。

愉快

炳勳　農十月初二日[4]

1　台山話「試」、「施」同音。

2　原文如此。

3　此段所指，即是年10月的古巴導彈危機及之後美國對古巴的封鎖和禁運。

4　即陽曆10月29日。

1962–17

按：此信為郵柬，給我母親。

雪芳妝次：前本月初二日給你的信，未知能否收到，事關古島受著封銷（鎖），近來或許會音信阻礙，你在港知其消息不？現在似乎安靜一點，沒有什麼動盪，緊漲（張）風雲已較平息，見字無容錦念，即此（使）環境如何惡化，我在外自當保重，請你含著愉快心情，料理家庭，培值（植）孩子，不勝盼切之知（至），切勿胡思亂想，勿因一時困難而喪失自尊心，困難是每個人生必經的過程，何況生長在亂世的社會下面，當然不能例外，總至（之）懇你在工作上，或任何事業上，一切以樂觀為出發點，愁懷棄於度外，此是愚的深欲也。

在外身體粗安，工作正常，可惜匯兑硬（梗）塞，辜負雙親及家人，自問有愧，望能知我諒我，原情體諒，感激不盡。

好了，下次再談，並祝家中老少旺相。

愉快

炳勳　十月二十日

維昌二叔回美否，順字相告。

1963

1963–1

按：此信為郵柬，寄給我母親，憑內容推斷屬此年。

雪芳：前我給你及兒子的信二封，相信收到了，至到現在又見十五天到來，所以當即執筆問候，前日兒子給我的聖誕咭片，已經收到了，使我不勝快慰，現在茲付來美紙三十元，倘若收到，祈速回音，蠅頭小數，實屬滴水沾牙，請愛妻原諒，但事實上，在古巴匯款，非常危險，稍一不慎，或有拉人之可能，見字莫計我不負養妻活兒的責任，好不？[1]

前信愴悴(倉卒)談及轉往美國的事，現在又教(告)失敗了，政府故(固)然嚴勵(厲)，但已到美國的朋友，又被掠留移民局，至現在仍然未有回音，將來如何，還在五里霧中，但每人使去仟一二銀，[2]如願以(與)否，仍仍(然)不知，我如果早步申請，或會損失不定，還算不幸中的大幸，現在已經停止了，待他日如何，然後再找機會，好了。[3]

1 推測這三十美元是經由黑市匯回香港的。

2 即花費一千一、二百美元，這相信是偷渡美國所需費用。

3 閱此得知父親曾經動過偷渡到美國的念頭，但沒有付諸行動。

芳妹，我前日有信通知景同弟，但未知有無交你，切勿多生枝節，[4]我屢次接到你的信，不禁流落幾滴同情之淚，實際上我無時不掛念著妻兒，可恨環境迫我，至另(令)你們受苦，早知如此，寧在家過著清茶淡飯的生活，同甘共苦，共敘(聚)一堂，不忍心離開你們，做個好像陳世美的薄情之徒，惟望內助務須保重千金之體，勿謂(為)愚夫多愁損身，臨書下淚，不勝必切之知。[5]

順祝

新年愉快

炳勳　西元月六日

農十二月廿一日[6]

4　這裡提到的「景同」，有時又作「景鴻」(台山話「同」、「鴻」同音)，以下信件中還會提及此人，他應該是我家的鄉親，1959年我父親在港時向我父親借過錢，一直未還，到此時我們家庭相當拮据，於是嘗試請他將錢還給我們。

5　「必切之知」可能為「悲切之至」。

6　1963年元月6日當癸卯年十二月十一日，此處之「農十二月廿一日」當為「農十二月十一日」之誤。

1963–2

按：此信為郵柬，寄給我母親。

雪芳：茲接由元旦日給我的信，現已收妥，使我低首思量，你還聲聲要求我原諒，令我慚愧無言，實在，蒙你不已計較足以我所願，[1]豈敢再能計你久疏音問呢！其實累你每晚捱到十一點鐘，[2]還要執筆修書給我，善(盛)[3]意拳拳關懷著我的前途，不愧賢淑內助，余自問良心，似乎罪惡貫盈，希望不負妹該次來信的美意，好了。

蔡暖照住址收到，一定候機會進行，申請方面，懇你們不用〔為〕我掛心，[4]但係可惜謀事在人，成事在天，確有天不從人願之嘆，目下情形，待我略談，現在古巴以(與)美國，差不多斷絕來往，飛機及船隻完全停航，交通以較硬(梗)塞，[5]企圖封鎖古島的一切，情況如此，縱使進行申請，抑或批準(准)，亦是失〔…〕矣，總至(之)變遷如何，多候一點時間，成功以(與)否，好音再報。

1　原文所見如此。

2　是時母親在製衣廠工作，經常加班，回家往往已是深夜。

3　台山話「善」，「盛」同音。

4　蔡暖照是母親外家的親戚，在美國，母親將他的地址給父親，希望得其幫助可以申請前往美國。

5　原文如此。

前一月本村瑞龍哥，冒著生命的危險，偷關前往，僥倖成功，已經平安低(抵)達美亞美了，可算幸甚幸甚，故特字相告。

現在居外身體粗安，工作如常，生活安定，使我最難過者無法匯款接應家庭，唯有遙祝家中老幼新春幸福康健愉快

炳勳　元月廿一日

即農十二月廿五

1963–3

按：此信為郵柬，寄給我母親。

雪芳妝次：疊接你連來信三封，一概收到，每次都有問及有無去信給暖兄，[1]感妹一番熱情，愚那(哪)敢辜負，我已去信給暖兄多時，不過仍未這〔麼〕快有覆音，事關現在寄信去美國，起碼費時一個多月左右，故此，往還須(需)時相當，區區距離九十海里的美國，過去一星期內魚雁往還，緣因現在海空硬(梗)塞之故耳，下日暖兄覆信如何，定當原信奉上給你一看，希望有志者事竟成，不負岳母及內助的祈望，好音再報。

在外幸獲粗安，飲食豐足，切勿掛心，下次再談，並祝

愉快

炳勳　農曆正月十二日[2]

1　即蔡暖照。

2　即陽曆1月29日。

1963–4

按：此信為郵柬，寄給我母親。

雪芳：連接到你及健璇兒的來信三封，完全收妥，理應當即執筆回覆，無奈心情連（淩）[1]亂，力不從心，因為近日來，我有幾個朋友，由古巴去了美國，我現在，正在申請的進行當中，望能棄暗求明，但我未入古巴藉（籍），相信一定困難一點，下日能批準（准）否，仍在五里霧中，因此心情非常連（淩）亂，又加上匯兑無人敢接，現在古巴銀無法寄出，為（惟）有用美紙寄銀，疏疏有人敢接，現在我換有幾十元，但近一個月來，連美紙完全無人接匯，故此擱落，[2]對回覆你們，重重包圍我的心間，故此未便回音，千祈原諒。你來信說：話我眼不見不理家人，我沒有這樣心，我前日帶來的相片，放在我枕邊，每晚拿出一看，不奈（禁）流落兩滴眼淚，你話我的一切，我不敢計你，望你千祈保重身體，終有雲開見月，其他的一切之事，由你主意，你多多原諒我好了，前接健璇的來信，我連睇十幾天未肯罷手，但不知是喜還悲，喜者，讀書進步，悲者，失去為父親教養兒子的任務，惟望你加倍愛護骨肉，企免人家睇小，好了〔，〕古巴現下沒有突（特）出事情，見字放心，下日可能〔之〕內定當付銀接濟，順祝

家中老少安康

炳勳　元月十六日[3]

同時亦有信通知景同，不好多生枝節

1　台山話「連」、「淩」同音。

2　這裡說的是嘗試經由黑市匯錢回港。

3　推斷此為農曆，即陽曆2月9日。

1963–5

按：此信為郵柬，寄給我們兄弟，日期與上一封相同。

春文、夏經、秋武、冬偉吾兒知悉：前接你的來信，令我百看不厭，惟有聖誕咭片，到今仍未收到，但我給你們的，未知能否收妥；健璇兒你將學業過程向我一告，使我三誦之餘，宜(而)不肯釋手，同時信內云「百尺干(竿)頭更進一步」的一句讀書句，令為父者快慰忘形，今後希望繼續努力，再接再勵(厲)幹下去，爭取位列前茅，前途無可恨(限)量，唯有健初太懶惰了，居然名列第二十名以下，須要明白，學如「逆水行舟不進則退」，請馬上搭飛機追上，企免做個落伍的壞學生，緊記……好了，再將期考的成績寫來一觀，好不？並祝大家

愉快

炳勳　十六日

1963–6

按：此信寫於信紙上，寄給我們兄弟，信封已不存。

健璇兒：前三天寫給你的郵箋，因為我接到你的信，知道您三兄弟大家在這學期都有進步，我一時歡喜過度，即刻執筆回覆，現在並夾來美鈔二元，以作獎勵您們三兄弟努力讀書，給來娛樂之需（即戲票之用），希望繼續奮鬥，更進一步的良好成績，下次給我的好音，望能如父親的理想，此是我的平生之願也。

時夜將半，就此擱筆，下次再談。請您們盡情快樂，並祝

健康

父勳　農正月十九日[1]

信後住址是假，切勿誤用。[2]

1　即陽曆2月12日。

2　此行字寫在信紙底頁。因恐怕古巴政府追查信內夾附金錢，故有此舉。

1963–7

按：此信為郵柬，寄給我母親，憑內容推斷屬此年。

雪芳妝次：昨十六日付上一音，瞬間又過了十天，剛逢空暇之刻，遼(聊)作亂(？)數行談談吧。前接璇兒的信之後，感覺思潮起伏，想到他們讀書進步，感覺無限歡喜，但又想到幾位兒子的未來，不禁長嗟短嘆，愁恐半途因經濟宜(而)影響他們的學業前途，談到這裡，枉做父親的我，自問有愧，半文錢支援家用變成夢影，現值處境，還恰似玻璃鏡下的蒼蠅，左碰右撞，沒法飛出，確使我熱淚盈眶，但始終我未向困難低頭，相信總會一天走上光明道路，請放心。唯望內助好好保重身軀，更從旁鼓勵兒子們奮力用功，倘能指導有方，相信他們一定前途似錦，所謂玉不琢，不成器，此語便無虛浮，教訓他們落下苦心，並產生將來良好果實。

懇有暇給我個覆音，好了，下次再談吧。

愉快

炳勳　元月廿七日[1]

1　此應農曆，即陽曆2月20日。

1963–8

按：此信為郵柬，寄給我母親。

雪芳妝次：前給你的信，料必一律妥收，另有一封給璇兒，內有美紙二元，但未知能否得收。惟對暖兄的覆音，到今仍未有下文，事關現在往還魚雁，認真〔受〕影響，或會漫（慢）一些不定，故此未得及時對你相告，待下次然後好音再報。

茲匯來古幣壹佰大元，付回廣州二嬸處，和已（以）前一樣，該次申請經過個半月時間，然後批準（准），個別[1]最多一佰元，相信每人每年一次過不定，總至（之）手續如此麻煩，我亦不想用筆墨描寫！此款可能在近四月中旬收到，在該款未到達之前，我想與你談談，因為居鄉各個親人，處於水深火熱加上青黃不接當中，確實有同情之感，我們應本著捨己為人之善舉，多給一些各人，如「姑母」、「東海」、「盛哥」、「文哥」等，個別三十元，好不？由你主意，懇恕我言出不當，餘的一半，你倘若回鄉，用作旅途之需，自愧無才的我，確有辜負家人之慨，萬望原情體諒，那是我感激不盡，並祝

愉快

炳勳　西三月五日

即二月初十日

現然（仍）未寫信給二嬸，候你覆音如何。[2]

1　「個別」即「每人」之意，此從上文下理可推知，此詞之前已見，之後亦屢見。

2　即仍未就匯出的一百古巴元如何分配寫給廣州的二嬸，等待母親回覆後才去信。

1963–9

按：此信為郵柬，寄給我母親。

雪芳內助妝次：剛剛寫信給你的那天，晚上跟著接到你的來信，原本即晚執筆回覆，無奈工作疲勞及一時懶惰，故此遲了一天，相信這兩張信同時到達我家你的手，你開閱後自然明白，關於匯款問題，早在一星期前已付入銀行了，可惜限制〔政〕策，只許蠅頭微數，希祈哂納，好了。

該次你的來信，使我三返四覆仍未釋手，似乎你不相信我是愛情專一的鐵漢，但我敢指天宣誓，愛我的家人之心，矢志不移，所謂鋼刀不能斷水，游（遊）子難忘故鄉，目前須（雖）然時運不齊（濟），宜（而）我片刻自問良心，惟對孩子的愛護，從未敢離開心頭，朝夕懸掛五內，他是你我的骨肉，豈能糊（胡）思亂想，懇你樂觀些好好教養他們成才，此是我的迫切深欲也。

在外工作正常，更加幸獲粗安，請妹放心一切一切，下次再談，並祝

愉快

炳勳　農二月十一日[1]

1　即陽曆3月6日。

1963–10

按：此信為郵柬，寄給我母親。

雪芳：愚夫驚聞噩耗，當即魂飛魄散，璇兒來信說及你的頑症，試(施)[1]手術二次，其實何症如此嚴重，本人是略明醫理，確屬提心吊膽，赫(嚇)得心肝不知去向，倘若我身處家庭，按不會弄成你這樣不幸之事，惟有遙身禱求上蒼，庇佑早日平安痊癒，對一切工作問題，暫時放開懷抱，好好居家休養，待等精神復原，須何藥品調補，刻即購之，縱家無一文，亦需從中設法，保重身體為上，勿因環境影響，馬虎度(渡)過，擔(耽)誤將來，緊記良言，是我之望，下次再談，並祝

康健

炳勳　西三月十三日

附記：母親此次患病，我仍留有印象，她體內生瘤，幸好是良性，但要切除，在九龍醫院由一位印度籍醫生為她在腹部開刀，住了若干日子，我每天送飯給她，當時我讀小學六年級。

1　台山話「試」，「施」同音。

1963–11

按：此信為郵柬，寄給我，與上一封信日期相同。

璇兒：忽接你的來信，驚聞你媽媽身染惡疾，使我六神無主，為父遠隔萬里，尤未能究之其狀，請即將病況及情形過程，一一詳細，即刻來信相告，企免朝夕懸掛於心。

璇兒，你為兄弟之長，千祈好好照顧三位弟弟，健雄是最小的，加以留心，對於讀書方面，倘有不識地方，務須指教，使他們跟著扶搖直上，好了，下次再談，並祝您們

愉快

父炳勳　西三月十三日

前有信數封給你媽媽，倘她精神不足，代她開閱，代她回覆。

1963–12

按：此信為郵柬，寄給我母親。

雪芳：前日接到意妹的信，方知你的遭遇，當即回覆兩音給她，昨日又接到你的來信，正是一字一斷腸，確實難為了您，生逢亂世環境下面，又加上惡劣家庭，可恨二位家長不仁，我豈有不知，愧我苦無良策，勸服雙親，請你諒我。[1]

前給您的信，事關愛子心切，並沒有計怒[2]過您，自從回灣[3]已(以)來，未曾有半張信罵過您，或者係您自己誤解，求您相信我，好不？

您病癒初初復原，千祈好好居家休養，對於藥水補針等，務須照醫生吩咐做去，切勿謂(為)窮宜(而)誤了自己身體，就算變賣物件或生借，必須調理到康健為止，一切問題千祈睇開些，企免刺激宜(而)影響健康，保重身體為上。

現在待我再行設法，希望能再匯些銀回廣州，以救燃眉之需(急)，前付之款未有信給二嬸，她倘若收到，定有信告您，下次再談，並祝

愉快康壯

炳勳　舊 三月十三日[4]

1　這幾句何所指，無從確定，估計是母親病中向我祖父祖母求助，但兩人無動於衷。

2　「計怒」即「怪責、不滿」之意。

3　「灣」即夏灣拿，古巴華僑稱之為「灣城」，所指是1960年8月返回該地。

4　即陽曆4月6日。

1963–13

按：此信為郵柬，寄給我母親。

雪芳：前十三日接到您的信，即晚回覆給您，此次的大難，獲到平安，或者是上蒼憐惜我們，暗中庇佑，祝您早日回復精神，我近來因工作過忙，寫信多在夜晚放工後，然後執筆，故此或有空洞地方，您看我寫成不象(像)樣，就會明白，前在二月份給您的信，不是叫您回鄉，因為您已(以)前一年返一回鄉廈(下)，曬曬家中物件，睇睇屋企東西，所以這回付的少少錢，方便你用來做費用，不使帶港銀回去，並不是使您返鄉，怎知變成誤會，或者係我心情彷彿(恍惚)，時間太迫寫錯不定，請你原諒我。

我居在暗無天日的古巴，自問良心，確實有愧，有銀在手無法寄回，累您淒涼受苦，使我抑(仰)天推(椎)心，現在唯有辦法，[1]找尋未曾寄過銀回大陸的人，送些錢給他，借他的護照來申請付銀返大陸，交自己親人收，此是移花接木，我正在進行，但係時候甚長，匯出數目微小，縱是觀音大士的楊枝甘露，亦難救苦，真另(令)我傷腦筋，好了，下次再會，在外粗安，並祝家中老幼合家旺相

愉快

炳勳　農三月十五[2]晚　夜十一時正

1　原文如此。

2　即陽曆4月8日。

1963–14

按：此信為郵柬，寄給我母親。

雪芳：上星期連給您兩張信，您能收到否，睇過自會明白我對您如何，誠恐你誤會生嫌，茲值你病好初期，不應糊(胡)思亂想，提防影響健康，萬事放寬懷抱，視作等閒，自然幫助您精神更快復原，關於惡劣家庭，已成習慣，何必拿來傷心，損害自己身體，見字務須保重千金之體，勿謂(為)惡劣環境而多愁損身，臨書下淚，不勝盼切之至。

愧我無及時實際行動以慰嬋娟，「就係未能找到辦法匯銀」，殊屬苦煞有心未願[1]的我，怎不教吾肝腸想斷，禱望上蒼雲開月朗，相信天無絕人之路，有志者一定事竟成，懇妻妹放心。

在外賤體粗安，是所告慰，遙祝合家大小康健愉快

炳勳　農三月廿三日[2]

1　「願」似應為「圓」，台山話「願」、「圓」同音。

2　即陽曆4月16日。

1963–15

按：此信為郵柬，寄給我母親。

雪芳：本來早十天寫信給您，奈因等候您的信一看，寄(幾)[1]乎望窮秋水，昨日忽接您的信，心情稍有慰藉，你須(雖)現在體弱無力，重量未達八十磅，比已(以)前減輕了三分之一，相信瘦得堪憐，使我肝腸寸斷，但係您初初病癒，務須陪(倍)加保重身體及培養，好好居家休養精神，對於工作方面，當無其事，充耳不聞，對困難環境方面，視若等閒，置於腦後，這樣就會幫助您的健康好快復原，切不好胡思亂想，恐防影響您的健康，懇緊記。您這次大難能逃過，或者窮(穹)蒼暗中庇佑，目前須(雖)然艱苦一些，相信光榮幸福的好景，一定演(映)[2]耀著我們的將來，萬事請您睇開吓，是愚的厚望也。

並有信一張給景鴻，[3]請帶到新大眾[4]伯欣處交他，將情轉達，千祈以禮相向，好了。

1　台山話「寄」、「幾」同音。

2　台山話「演」、「映」同音。

3　此「景鴻」即1963–1及1963–4兩信所說之「景同」，台山話「鴻」、「同」同音。

4　「新大眾」前已述及，見1961–26一信的附註。

關於母親的乞憐，請你討(考)[5]千(清)[6]楚，成(誠)恐不能如願，反添你在家受氣，此事應進行否？請再函相教(告)[7]，在外粗安，是所告慰，並祝家中老安少懷，幸福愉快

炳勳　農四月十五日[8]

5　台山話「討」、「考」同音。

6　台山話「千」、「清」同音。

7　台山話「教」、「告」同音。又：此段所說我祖母的「乞憐」，未知何解，料亦和婆媳關係不和諧有關。

8　即陽曆5月8日。

1963–16

按：此信為郵柬，寄給我姨母李雪珍女士。

雪珍內妹妝次：茲接朵雲，內情均悉，謝謝岳母及您的關懷，更對雪芳如此體貼，果是姐妹情深，殊為可嘉，真使我感激到沒法形容，您來信問我申請過美如何，我老早已進行辦理，不過按目前環境來睇，縱有超人本領，相信亦難如願，現下插翼難飛，但係未必完美失望，世上往往辦事有時欲速則不達，正所謂謀事在人，成事在天，待我再候環境變遷怎樣，或許如我所願，然後好音再報。[1]

關於雪芳欲想回廠工作一事，懇內妹力勸她，切勿忘(妄)動此念，事關她精神仍未完全復原，倘若免(勉)強工作，定會影響健康，反恐誤事，務須保重身體為要。[2]

頃聞襟弟申請往美，我故特來個遙身祝賀，祝灼弟早成如願，好了。[3]

在外粗安，並祝大家居港康健

愉快

炳勳　閏四月初二[4]

1　前此信件提到的蔡暖照，是我姨母一房的親戚，我父親寫信給蔡君請其幫助申請去美國，故姨母向我父親詢問情形。

2　我母親患病住院並接受外科手術後，此時仍在家休息，未能回工廠工作。

3　我姨丈申請到美國結果沒有成功。

4　即陽曆5月24日。

1963–17

按：此信為郵柬，寄給我，此信與上一封日期相同。

健璇兒：許久未有接到您的信，您們三兄弟讀書怎樣，進步抑或退後，待我照情況來推測一吓，因為久不通問，一定係慚性〔愧〕非常，或者在家庭上還會頑固不定，倘有之，馬上改之，您們是初出茅廬，正值奮力求學的時候，切勿隨便方(放)過保(寶)貴光陰，孔聖有云：少壯不努力，老大徒傷悲，您們知道不？

同時在家還要聽從母親及尊長的教訓，務須修養成為良好的孩子，將來的前途無可限量，希能緊記，好了，下次再談，並祝您們

愉快

炳勳　閏四月初二[1]

1　即陽曆5月24日。

1963–18

按：此信為郵柬，寄給我母親。

雪芳妝次：前閏四月初二日我付上兩音，一給健璇，另一給意妹，原本另有一封給您，緣因時間太夜，一擱擱了數天，恰巧接到您的來信，計算日子由港來古，啱啱二十二日收到，自接您們姐妹的信，使我心中的一塊大石，已經放下了，[1]應缺憾的地方，沒法匯銀給您調養，枉我身為男漢，自愧護花無力，祈望原情睇(體)諒，懇您倍加保重千金之體，一切尊(遵)從醫生的指導，對工作方面，暫時未好忘(妄)動，否則，反成不美，或會影響前途，倘蹺困難，忍痛一刻渡過，就算兩餐不繼，寧可清茶淡飯，切勿忘(妄)動參加工作，萬望緊記我言為要，談到這裡，使我熱淚盈眶，可恨環境不仁，騙(偏)教我有錢寄不得，辜負妻兒責任，確實有口難言，惟有遙身祝您們康健，下次再談，在外粗安。

愉快

炳勳　閏四月初九日[2]

前付回廣州之款，照計收到，如何，懇覆。

1　此指已得知母親已經出院回家休養。

2　即陽曆5月31日。

1963–19

按：此信寫於信紙上，寄給我們兄弟收，信封已不存。

健璇、健初、健斌、健雄吾兒：你在西曆六月一日給我的信，在同月二十日我已收到，現在來往書信，認真漫(慢)，該次你的信使我望眼將穿，瞬經數月，方接一音，令我喜上眉稍(梢)，倍加留神看閱，內情完全均悉，此次寫來句法，比前進步得多，相信讀書亦甚用功，值得一個獎勵，故特夾來美紙三元，給您們用作午茶一餐，區區蠅頭之數，希祈哂納，就是代表我愛護您們無微不知(至)的象徵，懇四位勿輕視這細微的意義，自(俟)後更加努力讀書，比現次考試成績，更進一步，奮勇直前，此是為父所望，下次再談，並祝您們康健

愉快

炳勳　西曆六月二十號

倘若收到，即覆。

信背住址是假的，勿誤用。

1963–20

按：此信為郵柬，寄給我母親。

雪芳：早五天接到璇兒的信，寫得相當好，宜(而)又長編(篇)，此後更多鼓勵他努力學習，定會青出於藍，來信談及你已能做工，身體漸漸轉弱為強，使我無限快慰，但重工作懇妳切勿輕舉忘(妄)動，務須保重為高，盼納良言相勸，是愚迫切之望。

該次璇兒報告考試狀況，及最細的健雄活潑可愛，我一時興奮過度，連工作疲勞都已忘記，即晚執筆寫了一信回覆給璇兒，內夾美紙三元，用來免(勉)勵他三兄弟更進一步用功讀書，倘若收到，請來信一談。

前付回廣州之銀，你給各個親人十元，本是千里鵝毛，物輕情義重，正合我意，二婆出到香港，一定住在明發大廈啟芬處，[1]自後匯款回廣州寫給鳳平[2]收好了，現下仍未找到匯款可能，懇原諒。

月前給景鴻的信，家母拿去他處，請你不用掛心，相信他一時未能籌到這一百元嘗(償)還，你要明白，社會之人，外觀看來或好睇，細查起來多是兩袖青(清)風，如若他找到，定必面

1 此二婆即之前信件一再提到的「二嬸」，此時從廣州移居香港，暫時借居在一位名叫「啟芬」的親友家中。

2 「鳳平」應為「鳳屏」，姓雷，她是二婆的女兒，在廣州生活和工作。見以下附錄一信及1964–3、1964–10及1964–12各信。

交給你，我已向他說明，可否請你面見景同[3]一次，好不？

頃聞振輝合家去了美國消息，假若不是兒子相告，確實五里霧中，不知其事，好了，待我修書與振弟一個來往，[4]現值時夜將半，就此擱筆，在外粗安，下次再談，並祝家中老幼康健

愉快

炳勳　西・六月廿五號

璇兒提及前付聖誕咭，距離今日半年，失落當作了事，本屬微乎其微之事，亦追無可追，算吧，了事。

附件

其一

按：我母親保留的其他信件中，有如下一封，由雷鳳屏寄來，此位鳳屏即上信中提及的「鳳平」，當時住在廣州解放北白蓮塘巷，以下信件所說之事與上信中說及的匯錢到廣州有關。

親愛的炳嫂：

你好。來信收到，叫我代辦之事，我很同意的，但希望你以

3　景同即景鴻。又：此段提及之事，參見1963–1信的附註。

4　此處說及的「振輝」是我們的鄉親，當時從香港舉家移居美國。

後需寄信任何人都要預早通知我，因我從早出門，夜歸來，要等到休息才有時間代辦，我在本月5號才有時間代辦，也是我休息之日，請放心吧！

料想各人平安，好了，因時間制限，餘後談，祝

合俯(府)平安

63.6.5　鳳屏字

收到請回信，因不記得你的地址，不知是否對

其二

按：我母親保留的其他信件中，又有如下一封，由我二叔雷東海寄來，信內所說與以上1963–20信件內容有關。

雪芳嫂：別來甚念，想你們居港很好吧。茲接你由廣州鳳屏姑處轉寄來人民券壹拾元，[1]妥收以應家庭之用，十分感謝，專此以申謝意，並祝你們各人康樂，萬事如意，我們居家生活很苦，不用多贅而你也知，最後，希望你以後每逢時節佳景，付些錢回來應用為望，此達，即詢

康樂

愚東海字　一九六三年農曆七月廿九日[2]

1　「人民券」即人民幣。

2　即陽曆9月16日。

1963–21

按：此信為郵柬，寄給我母親。

雪芳妝次：昨晚我由報紙上睇到，係寫香港一段新聞，在九龍旺角地區，稱及花園街與亞皆老街一帶，有五佰多層樓宇，地面忽然低落，影響居民不安，據說多屬大樓及大廈，現連港府非常關切，究竟其情如何，故急速對您詢問，懇即來個完滿答覆，企免使我懸掛！

未曾接到您來信，悠悠將已兩月矣，相信你一定因環境影響而奮鬥，忙甚，苦甚，抽不出執筆的時間往還，真使我五內感激；前我疊疊奉上數信，諒亦妥收，大概明白在外處境，任我做夢想不到有今日之田地，現下縱有回天之術，亦難彌補愛妻之苦，無奈生逢亂世，尚有何言；惟望吾妻努力自愛，莫被困難環境赫（嚇）倒，毅力自然戰勝一切，好了，下次再談，並祝康健

愉快

炳勳　西曆・八月十四號

1963–22

按：此信為郵柬，寄給我母親。

雪芳：剛剛接到你的來信，由港寄到我處將要時間一個多月，內云工作甚忙，真是難為您。來信稱及林錦歡兄，或在九、十月間航行古巴航線，本人與錦歡認真相識，倘若知道他幾時前來，提早對他說明，請他到灣城溯源總堂候我，「即唐人區域溯源堂」，一問書記處，我即到與他相見，千祈緊記，此是千載一時機會，待我見面時，然後討論進行工作，同時請他及他朋友初到埗時，未好在船主處提支銀兩使用，企免他們損失，上埠時然後雙方安排，我能負起他們一切需要及使用，[1]現在不便多談。

雪芳您問我在處缺乏何物，我良心自問，無能匯銀給您們，怎敢叫您浪費，只有多謝賢妻的好意，一切物件我都充足，請您們不用〔為〕我掛心，在外幸獲粗安，是所告慰，遙祝家中老幼康健

愉快

炳勳　八月二拾日

1　廣東話「使用」即「花費」、「開支」之意。

1963–23

按：此信為郵柬，寄給我們兄弟，此信日期與上一封相同。

春文、夏經、秋武、冬偉吾兒知悉：剛才接到您母親的來信，得知您們該次考試成績，比前有天淵之別，恰似寒暑表遇寒天，一降幾十格，我相信您們，這回考試成績故此不敢寫信相告，是不？此是懶惰的後果，倘若不及早痛改前非，回頭是岸，有若迷路羔羊，則前途當不堪設想矣！

您們曾記否？〔…〕口聲聲話勤肯（懇）讀書，何解不守諾言，辜負雙親祈（期）望，今後希望您們走返正途，加緊奮力學業，扶搖直上，同時，在家還要遵從母親教訓，切記我言，為父所望，並祝康健愉快

炳勳　西八月二十日

1963–24

按：此信為郵柬，寄給我母親。

雪芳：相隔執筆又經兩個星期，但未知每次的信能否全面收到，回憶三年前的八月廿七，至今況(彷)似喃(南)柯一夢，[1]任我做夢想不到環境變遷如此，在這三年來零二十天底下，苦煞我的願望，更辜負家人的願望，問心有愧，只憑寸箋相告，萬望原情體諒。

日前有十幾位老僑回國，係由大陸親人寄證明來古巴申請者，但對銀兩方面，只準(准)些少帶作旅費，其實情形，我未能徹底清楚。

現在古巴情況，日甚一日，幸我仍未能受到影響，生活及工作正常，還獲得身體粗安，是所告慰，遙祝家中老幼康健

愉快

炳勳　西曆九月十七日

1　指三年前即1960年8月27日離開香港返回古巴。

1963–25

按：此信為郵柬，寄給我祖父母。

父母親大人膝下，敬稟者：叩別慈顏，忽經三載，近因精神彷彿（恍惚），久疏音問，可惡環境無情，使我負起不孝之罪，回憶家父臨別贈言，要我多找黃金，如此金石良言，兒常繞五內，緊記心田，可惜謀事在人，成事在天，縱有銀紙在手，但無門轉奉親前，徒使兒抑（仰）天長嘆，自愧無顏以對雙親，倘欲知古巴底蘊如何，懇來信與家銘一問，自然明白目前處境困難，好不？[1]

在外賤體粗安，遙祝雙親老當益壯，下次再談，恭請

金安

男炳勳　九月廿四日

1　對於我父親未有匯錢回來接濟，我祖父母看來有猜疑，故此父親建議他們向身居古巴的同鄉詢問，有關情況參見以下一信。

1963–26

按：此信為郵柬，寄給我母親，此信與上一封日期相同。

雪芳：前日接到璇兒來信，據云祖父去飲酒，[1]以（與）卓文兄[2]護（互）相談及，說在古巴家玩伯有銀由該舖寄回，這事確實，同時問我何故沒有辦法寄銀呢？不過但此事不是如此簡單，[3]待我對您講明，匯回之款不是由古巴直接寄回，係由美國方面用黑市轉回，係本處國蔭在家玩伯處取銀使用，然後由他寫字通知在美國的父親，寄回卓文處交他，每佰元折古幣一仟或九佰，此事我非常清楚，亦便（並）不是沒法做門路，不過如此匯銀，未免有多少痛心，試想折合兑換，等於每佰港幣折合二佰元古幣，怎能如此忍痛拋掉，待有機會到來，然後再行辦法，懇您原諒。

雪芳您病好初初的時候，[4]萬事切勿擔心，工作更不應操勞，企免影響身體，保重健康為上，即此（使）經濟拮据，寧可抵受清貧，據璇兒來信所談，確使我有點掛心，萬望您今後勿謂（為）窮困而拼（拚）命爭取，此是迫切哀求也，好了，下次再談，並祝

康健愉快

炳勳　九月廿四日

（煩將情轉告家父，免生誤會。）[5]

1 台山話「去飲酒」即「往赴喜宴」之意。

2 「卓文」是我們的鄉親，住在香港，離我家不遠，時有往來。

3 原文如此。

4 原文如此。

5 此兩句用小字寫在信的上方，並用箭嘴指示和信中所談古巴匯錢到香港事有關。

1963–27

按：此信為郵柬，寄給我與二弟，此信與上兩封日期相同。

健璇、健初吾兒知悉：忽接來信，內情概以(已)明白，我前給您的信，未免或有錯計您們，事關我性情一時燥(躁)暴，故漏出怒氣之言，無宜(疑)出發點意欲想您們前途良好，請您們用雪亮眼睛睇明一切，該次接您的來信，你知道求學退步是恥辱，所謂知恥近乎勇，有過能改，善莫大賢(焉)，還稱及今後奮力功(攻)書，決不負(令)雙親失望，假若您們能貫徹始終，切實做到，為父快樂無限，喜上眉稍(梢)。下次再談，祝您們學業猛進。

康健愉快

父炳勳　九月廿四號

1963–28

按：此信為郵柬，寄給我母親。

雪芳妝次：現值古島颶風已過之際，故特急速執筆相告，該次颶風災情非常嚴重，古巴「東」、「甘」兩省[1]所遭非輕，幸宜（而）我身居灣城，勿有絲毛（毫）影響，工作未有片刻停頓，懇祈放心。

近來有相當多行船人到來，愧我未有熟識一個，前談及林錦歡來古消息如何，祈訪一訪，若有消息時，懇速賜我一言，至緊交際（帶）[2]他到「灣城溯源總堂」找我，企免白費一返（番）心記（機）。

雪芳您近來精神上如何，我好想明白一吓，使我真有點不放心，可恨水遠山遙，無能緣慳一面，每次只憑寸箋慰問，另（令）我實覺意亂徬徨，懇妹直言來一個相告，好不？

在外賤體粗安，遙祝家中老安少懷，好了，下次再談，並賀

愉快

炳勳　農曆八月廿三日[3]

1　指東省（Oriente）及卡馬圭省（Camagüey），後者古巴華僑多稱之為「甘馬隈」，都在古巴島東部。此處所說颶風為Hurricane Flora。

2　廣東話「交帶」即「囑咐」之意。

3　即陽曆10月10日。

1963–29

按：此信為郵柬，寄給我母親，此信未完結，下一封接續。

雪芳妝次：昨接您在本月十四日給我的信，月(已)於廿六日收到，該次的信相當快，內情慘切，受盡折磨的賢妻，加以家庭惡劣，自從你病愈(癒)之後，無時片刻不懸掛我五內，愚夫須(雖)屬不才，但亦略曉些醫理，故此每次我的來信，對您問明你的真相，其實拋不開顧慮，這的一切，都是我累了您，當初我不應如此愴(匆)忙返回古巴，對事沒有深刻討(考)慮，只知發著黃金夢，故此到底總是誤人，弄成您我今日的境地，寄(既)成一錯不應再錯，該次您來的意見，要我回家，我亦十二分同情，原則上答應，待我馬上申請辦理手續，請您靜候佳音，但不過現在辦理手續，不是一朝一夕能夠做到，唯是直接返回香港以(與)澳門，簡直絕無可能，因為人民政府不發護照，國民黨護照又不生效，變成無國藉(籍)的居民，所以不能直接回港已(與)澳的道理，唯一辦法，取返回大陸證明書，直接返回大陸，再行設法轉返香港，對辦理這種手續，我亦明白清楚，但須相當時間，對旅費問題，在外足夠有餘，下日辦理到程度如何。

炳勳　十月廿七日

1963–30

按：此信為郵柬，寄給我母親，此信與上一封同時寄發。

雪芳妝次：茲一來兩箋，事關我的心事重重，還有千言萬語的求懇，可恨紙上的描寫，您總充耳不聞，自從您病好之後，我每次的信勸您好好安心靜養，切勿謂（為）環境困難而多添煩惱，憂愁可以傷人，亦是引病的開端，對工作來說，更不應操勞，事因體力仍未復原，定會影響康健，就算過著清茶淡飯的生活，但願得到平安是福，故特懇您已（以）後倍加保重身軀，勿謂（為）惡劣環境而增愁損身，愚夫臨書淚下，不勝懇切之至。

對於林錦歡寄（既）不在港，無謂多找麻煩，當初我以為共他見面，然後討論變相設法駁回銀紙返港，並無其他目的，現在寄（既）在日本，我們的計劃成空，縱然見面，亦未知可行否，或者是庸人自繞（擾），坐井觀天不定，就作一段樂（落）吧！

遙祝家中老少平安，在外賤體康健，是所告慰，下次再談，並請

愉快

炳勳　十月廿七日

1963–31

按：此信為郵柬，寄給我母親，郵柬上郵票被剪去，引至部份內容缺失。

雪芳妝次：祝您健康，我在外也健康，這麼久，才寫信給您，請諒懶性疏忽的我！

前給您的一連兩張信，可能收到很久了，現在又舊調重彈，關於申請問題，直到現下，確實有若丈八金剛，撫不著頭腦，故此未能對您說個清楚，但我不因困難而恢（灰）心，希望有志者事必成，今特向你首先說說，萬望您安心一切的一切。

前接到小岐山姑母的來信，內云一字一淚，求我輸將[1]港銀二佰元，在該情形底下，左右思〔？〕，匯兑不通，〔…〕家庭又搞唔掂，拮起我當時的怒奮（憤），攜信前〔…〕涉，動起三寸之舌，奔馳不下十多天，辦理申〔…〕款，結果批準〔准〕伍十元，現已付回給姑母了，〔…〕舉，懇您勿用多言，企免多生枝節。

奈何自己居港數口之家，嗷嗷待哺，無法接濟，恨煞環境不情，弄成我如此，怎不教我而長嗟短嘆又抑（仰）天推（椎）心，[2]談到這裡，我心神又見彷彿（恍惚），力不從心繼續寫下去，就此擱筆吧，下次再談，遙祝家中俱各健康

愉快

炳勳　農曆．十一月廿五日[3]

1　「輸將」恐即「賒借」。

2　原文如此。

3　即陽曆12月30日。

1964

1964–1

按：此信為郵柬，寄給我。

健璇吾兒：新年已過，恭祝您們兄弟學業進步，前途錦繡，並祝家中俱各康健愉快，是我遙身祝賀者也。

茲值近幾個月來，未見您及您母親有信來到給我，何故，使我朝夕望穿秋水，見字即速將近況相告，火急，此是為父之命令，知道不？倘若佳兒，當即執筆遵行，是盼。

在外粗安，下次再談，並祝

新春愉快

父炳勳字　元月六日

農十二月廿二

1964–2

按：此信為郵柬，寄給我。

競璇吾兒知悉：您十二月十二日給我的信，在元月十六日我已收到，但我該(此)信給您，相信起馬(碼)會過了舊曆年然後得收，故此，並祝您們兄弟新春快樂，前十天我寫了一封信〔給〕您，緣因久未接過家信，弄到我夜不成眠，無非愛子情切，更顧慮您母親及家人的健康之故耳，須(雖)然您疏音來往，父親絕對會原諒，一點不會計您們，請您們放心一切。

此次來信，興奮地告訴考試成績頗佳，三兄弟都能躍進一籌，殊為可嘉，不過切莫驕傲自滿，須知學無止境的道理，正所謂進一境尚有一境以相引，越一程尤(猶)有一程以相待，萬望您們三兄弟今後更加努力用功，將來前途一定燦爛光榮，古語有云，書中自有黃金屋，書中有女顏如玉，更有孔聖云，滿朝諸(朱)子(紫)貴，盡是讀書人，您們倘若明白，努力撐(掌)握年幼求學保(寶)貴光陰，爭取前進，一日千里，如若依從父訓，為父歡喜到連大牙都笑脫了。

您給我聖誕咭，仍未寄到，下次再談，並祝您們

愉快

炳勳　元月十六日

1964–3

按：此信為郵柬，寄給我母親。

雪芳妝次：日子又過了十天，每逢執筆的當兒，不知用什麼言語來對您說好哩，前十天給您的信，相信已經收到，我總覺得心情非常茅(矛)盾，寫成不似樣子，有若初入學小孩一般，徒然每次吉信告慰，怎不教我提起筆就失卻理智。

一九六四年又二月了，僑匯辦事處仍未開始工作，今年匯兑或者又會有新花樣不定，須(雖)然過去是微乎其微之數，遠勝過沒有，可恨如此諸多戲弄人，真是金錢萬惡，傷人腦筋。

前寄給姑母之款，已經收到，昨有字回覆，我曾寫信給她，叫她在清明時節代我僱人省墓，這樣對今年行山[1]一事，懇您不用麻煩與掛慮。

在外一切正常，是所告慰，並祝康健

愉快

炳勳　二月七日

1　台山話「行山」即「掃墓」。

1964–4

按：此信寫於信紙上，寄給我母親，信封已不存。

雪芳妝次：你正月初八給我的信，我經已收到了，在此幾月來的當中，鴻雁（？）逢，今始接到朵雲，有若四喜中的久罕（旱）甘雨，但您沒用計意，須（雖）然悠長的時間疏於往還魚雁，我絕對不會差計，同時有感激您在忙碌中抽出時間執筆，善言相慰，反惹起我慚愧之感，累您晚間做到十一、二時，變晝作夜，甚至連洗腳時候沒有，此罪應歸咎於誰，確實加多我的罪過，身為丈夫應當負起養妻活兒之責，現在既成如此，怎敢計您，相反還是懇您原諒我的一切是真。

傾（頃）悉有古僑回澳之事，此事便非虛言，最近有位伍鐵峰回澳，職業醫生，我與他相當熟識，他的回澳一切，我亦非常明白，此是前一月之事，但不過內裡艱難底蘊，待我對您談談，第一點，要在國外買機票寄入，須美元仟元左右，第二點，如由麥（墨）西哥轉加拿大的太平洋航空公司回澳，須（需）要在麥（墨）國用人擔保或用擔保商店，方能準（准）許過境，搭船亦是一樣，第三點，由捷克國轉回澳，首先是古巴籍民，二十人中撓（僥）倖批準（准）一個，伍先生是由這航線回港，而我不是古巴籍民，沒有護照，大陸政府未有護照發給，台灣政府護照又不生效，故此，試問未入古巴籍的人，實行不通，第四點，是返回大陸，事前向中國大陸取證明，然後往大使館申請，但亦不是容易，試看古巴解放五年來，除回國觀光的特別外，不過批準（准）三、五個而以(矣)，須(雖)然是用古幣旅費，但要候有貨船，條件設(切)合，方能載回祖國，實際上比上天容易得多矣，[1]以上四點問題，懇您替我動吓(下)腦筋，雪芳：搞到我有若程咬金一樣，三十六斧已經斬盡，仍是丈八金剛，便不是我回港無意，不過環境偏依為難，[2]故此，對回港下文，跟後並沒有信對您相報，[3]至弄成您疑雨疑雲，難計(怪)您有此念，我亦明白您的內心，但懇您不必掛心，相信一定不會使您失望，不過時間性未來得及，有志者事必成，假若社會安靜，老早已經足夠旅費回港了，前在一九六三年春天，我的精神一時彷彿(恍惚)，萬念俱恢(灰)，曾在夜總會流漣(留連)了將近兩個多月，攪銷了二仟多元，費(揮)金如土，試想每個人用千辛萬苦的血汗駁(搏)來了的金錢，變成無用武之處，寄又寄不回家，買物又買不到，故此，一念之差，便成迷路羔羊，幸而政府及時把所有夜總會封閉，不至使一群消極者，霹靂一聲從夢裡醒來，臨崖勒馬，本來唔想將醜事對您相告，可是每個人的處境，何等痛心，為人乏味，還有誰肯留戀這個地方，可恨蒼天無時不如我願，有負內助的善(盛)意拳拳，目前還望原情體諒，再忍一點時候，是吾所求。

關於今年聖誕節禮，灣城未聞有寄回麗參(蔘)[4]及手錶等情，或許其他埠仔有此一舉不定，前我對您談過問題，倘有相識

1　原文如此。

2　原文如此。

3　原文如此。

4　「麗蔘」即高麗蔘。

行船到來，介紹相見，托帶回貴重物件，即變相駁回金紙，可惜志願成空，前我買有高麗參(蔘)一大盒，價銀一百四十元，現在已經吃盡沒有了，仍存茸二份在處，確無辦法寄包裹，您想一個社會主義國家，怎許你隨便寄名貴物品，此是畫餅，勿信訛言，對於孩子須要手錶，下日待我設法。[5]

一九六四年僑匯開始了，今年新花樣離奇萬狀，我申請號碼在農曆五月初六日寄款，相信一定問題多多，到其時然後再談。

在外賤體粗壯，一切勿為我懸念，好好在家保重金軀，工作要有限度，不應駁(搏)命去做，太過勞苦，有損身體，伏乞接受意見，遙身祈望者也。下次再談，並祝家中老幼俱各康健

愉快

炳勳　1964．西3．19號

附記：讀這個時期的信，可知母親連連請求父親回港，父親在這封信及其他信中説到的申請離境困難等，相信是實情，但恐怕此時期父親心中仍有其他盤算，對於返回香港仍多顧慮，設法另謀出路，盡量在家書中安慰我母親。

5　我此年進入中學，大概母親認為需要手錶，寫信請父親想辦法弄一隻回來。

1964–5

按：此信為郵柬，寄給我母親。

雪芳：前廿天給您的信，長編(篇)大段談明一切，請您原情體諒，昨日適嗒本村福連有位襟弟行船到來，我托福連交佢帶回鹿茸片及呂宋煙，現已離古回港了，可能在四十天抵達九龍，到其時自然由福連母親送到您收，待我再談談當時情形，頃聞連侄有衿弟[1]行船到來，我當即找福連磋商，希望在佢海員同事方面，需銀使用，盡量供應，每佰古幣折港幣一百五十元，回港後交其親人，殊不知他們到來，因言語不通，不會用錢，使我變成一籌莫展，及後我又找手錶買，市面手錶已成絕市，就算有多少，全是殘廢舊料，下等曳貨，[2]當時意欲向海員帶來的，買兩、三只交他帶回，始終買不到，故此，目前這次機會，未能完成孩子們愛用手錶的任務，問心有愧，緣因事情來得太快，沒法找到，事前又沒有準備，下次一有機會，保證做到，懇您勿用擔心買手錶的問題。

再談鹿茸片問題，原本兩份，因海員上落檢查非常嚴格，所以改換別紙包成一包，其中嫩白色的是嘴片，每包一錢半共三錢，深色的是二砂，每包二錢半共五錢，老色的是三、四砂，共

1 「衿弟」即上文所說「襟弟」。

2 「曳貨」即劣貨。

一錢六，總計共二錢四，食時用雞或白鴿燉食，分三次燉食，每份挑好嘴片及二、三、四砂平均相等，分三包，食後自然精神壯強健康，雪芳懇您自己燉食，此是女性補品，緊記。

關於呂宋煙代交家父用，因成盒不能帶落船，散裝又不準(准)多帶，收到若干，祈覆一音，下次再談，並祝

愉快

炳勳　西・四月十二號

1964–6

按：此信為郵柬，寄給我母親，貼有郵票部份被撕去，至內容略有缺失。

雪芳妝次：昨日接到兒子給我的賀年聖誕咭，確係猜不到將半年來然後寄到，我內心非常歡喜，孩子們對父親的熱情，懇您代我向他們多謝。

前兩星期我給您的信，相信收到，關於托帶回茸二份，請您不好睇輕，本是上品，原因檢得太久，[1]有些微殘，購價一百二十元，燉時挑好分三回，每隔一月燉一次，自然得到身體強壯，有健康的體魄，方可以抵抗一切困難，亦是家庭生活幸福，此是真理明（名）言，您話是不？大煙每枝四毛，懇代勞交給家父，好了，並代我向他請安；〔…〕我已買到手錶一只，準備連我自己的一個共〔…〕帶回，現買的一只非常昂貴，二佰元，您在〔…〕道有可靠熟人前來，煩即來信相告，〔…〕完成這個任務。[2]

關於今年匯款回大陸問題，我申請號數，在農曆五月初六日付款，相信最高匯額是伍十元，父母妻子可能一佰，一律還要確實關係親人親收，否則不能收款，我的主意準備寄給姑母收，但區區伍十元微乎其微之數，若轉交回自己，實做不到什麼事，我意欲多做一場善舉，待寄回後，分給鄉下個別難苦親人，好不？

1 台山話「檢」為「保存」之意。

2 這裡說的手錶其後終於帶到香港，見以下1964–11信。

雪芳您意下如何，可能抽出時間，來一個回信談談。[3]在外賤體粗安，並祝家中老幼俱各平安

愉快

炳勳　西曆四月廿七日

3　這裡再一次反映在當時華僑心目中，接濟在鄉親戚是他們的義務。此事進一步情況見以下一信。

1964–7

按：此信為郵柬，寄給我母親，貼有郵票部份被撕去，至內容有缺失。

雪芳：前兩星期給您的信，在最尾段的問題，是匯款回大陸的事，緣因愴（倉）卒未能對你説明，該次匯銀規定，要用親人關係親手收領，同時還要駐（註）冊底有他名字填上放（方）能生效，故此該次匯款除姑母收款外，再無別個親人可交，如寄回給鳳屏，因冊上沒有他（她）的名字，絕對無（不）能批準（准），現在決定〔…〕回給姑母收，但關係不是父母子女，只〔…〕匯銀伍十元，在此區區小如蠅頭之款，用〔…〕彌補家計，實屬無濟何（於）事，同時在鄉間的親人，不是富裕之家，個個同病相憐，故此我想將微乎其微之款，分給個別各人，您意下何如，應如何分配，懇速來信談談，遲則會趕不及，事關音信往還用相當時間，比前過去不似，[1]知道否？

在外身體非常康健，並祝家中俱各

愉快

炳勳　西．五月十一號

1　原文如此。

1964–8

按：此信為郵柬，寄給我母親，貼有郵票部份被撕去，至內容有缺失。

雪芳：剛啱我寫給您寄出第三天，就接到你的來信，並有相片大小三張，收妥，在照片上面睇真，確使我有點歡喜，個個雄抖抖(赳赳)氣昂昂，多麼可愛，但帶愧的我略有所感，即如我老去一半的人，回憶往事，確有長江後浪摧(推)前浪之感，現在值得我問的是內妹雪珍膝下最細的一個，未知是公子還是千金，特來個遙身祝賀，在早我已料到，雪芳您前在醫院的時候，她來信對我說及，不能以(與)您見面，由此我推想到，為什麼姐妹情深不能見面，該是其中緣因，是不？在岳母大人方〔…〕著眾多膝下承歡，值得高興。[1]

〔…〕少題(提)，言歸正轉(傳)，健璇、初高小已經畢業，當〔…〕要上初中，使是人望高處，不過每位五、六佰元入學，苦煞我為人父親，假若匯兑暢通，就算幾倍，當即原數付上，可恨如此環境，尚有何言，一向我關心孩子求學，每張信都鼓勵他們，該次您來信說及，對孩子讀書我便無半句答覆，由此證明無家庭顧念，您這樣未免冤枉好人，我亦難計你，事關我無辦法匯銀接濟，冤(怨)恨環境弄成，總至(之)我為人父與夫，自問良

1　我姨母在1963年2月生下第三個孩子，是女孩。父親收到的照片中有一張應是姨母的合家照，他看到新添了一個孩子，故有此問。

心，談到這樣，已成熱淚盈眶，亦覺眼裡撫(糢)糊，下次再談，並祝

愉快

炳勳　五月十五號

1964–9

按：此信為郵柬，寄給我母親。

雪芳：我親愛的，自從我接到您前幾天給我的信，心情上好似有件般（搬）不掉的東西，寢食不安，其實關乎孩子讀書前途，天下間做父母者，無不希望兒子們前程錦繡，所謂揚名聲顯父母，身為父親的我，應當負起教養兒子責任，事實上責無旁貸，自慚身處暗無天日的古島，悠悠已經數載，片刻都是食少愁多，長嗟短嘆，可恨匯兑梗塞，叫我如何試（施）展，便不是我無情薄倖，更不是忘卻家園，只恨環境不仁，至另（令）家人抱怨，親愛的雪芳：您若明白事理，應當明白我的心，原情體諒我的堪危處境，[1]無須疑雨疑雲，更希望您盡最大的力量，教養兒子們成才，就算怎樣困苦艱難，要鼓起您的勇氣，來刻（克）服這惡劣環境，繼續教導孩子讀書，加以從旁勉勵他們努力，您來信說得對，香港社會用文憑找工，這是當然的事，學問為謀生之本，到處楊梅同樣花，好了，後會有期。

愉快

炳勳　五月廿五號

1　原文如此。

1964–10

按：此信為郵柬，寄給我母親。

雪芳賢妻妝次：今天執筆，恍惚（彷彿）精神欠佳，正所謂力不從心難書寫，枉我遠走萬里，一籌莫展，問心有愧，向負雄心的我，古（估）不到，環境迫人悲莫補，長使英雄淚滿襟。

昨接您由六月三日給我的信，另（令）我不禁含淚嘆嗟，難怪您大發卑（脾）氣，我自問是失去責任的罪人，辜負我的家人願望，但您說我眼不見背脊，至（置）之不理，其實我不是這等樣人，不過時局弄成，使我百詞莫辯，萬望原情體諒。

三位孩子須（雖）有頑皮，事關年令（齡）尚少（小），意志未定，最會頃（？），如能好好教導，自然走（糾）正過來。

現在已匯出五十元給姑母了，該是額定規則，我招（照）您主意做，東海、文哥、盛哥各十元，松柏母親及庭素、庭玩各三元，餘者以姑母各人著半，試想的姑母居（處）境，值得我們憐憫，測忍（惻隱）之心，人各有志（之），諒亦同情哉，對於轉出鳳屏處，我已安排妥當，決不會影響親誼，到時做妥，定有信對您相告，懇您方（放）心一切。

關於卓文談及的事，我是在家玩伯舖工作，現在已離開兩個幾月了，[1]或者返回自己舖不定，現在暫時未想工作有志，[2]原因

1 廣東話「兩個幾月」即「兩個多月」之意。

2 原文如此。

心情恍惚，不感興趣之故耳。又便一談匯款之事，前時家玩付最多的二百五十元，是我介紹給法文付駁，中途記(幾)[3]發生危險，將近十個月然後搞掂，現在又已經不同了，縱然有多少駁回，或者由美國朋友方面相讓，請您一查古僑的家眷，有幾個能交寄銀，最好待林裕南回港，對他詳細一問，事前通知大襟，叫裕南連我托帶之物，人物到來，便知古巴情況，[4]正值饑寒交迫之秋，所有私人生意，快要全面為政府所有，如大陸一樣，您是過來人，我不必再贅。[5]下次再談，並祝

愉快

炳勳　西七月一日

3　台山話「記」、「幾」同音。

4　關於林裕南帶物品回港，下一封信有進一步情況。

5　古巴政府在1959年革命後，逐步推行國有化，最後在1968年將最後一批約五萬八千的小企業收歸國有，此後古巴再沒有私人企業，直到近年推行改革，才稍為放鬆。

1964–11

按：此信為郵柬，寄給我母親。

雪芳：我親愛的，一向我所寫的信，往往非常馬虎，尤其是近來，加上心情波動，更加茅(矛)盾糊塗，故此，成(誠)恐您有誤會的地方，遇到信內弄不清楚與不明白，原因怪我寫得簡(?)，其實我的心腸良善，懇您放下顧慮。

我又舊調重撣(彈)，前信談及托裕南帶回手錶之事，其實市面手錶已絕跡多時，買無可買，當初接到您的信後，幸好早就買到，這只蘇聯廠錶價值六十元，由此可見市面貨物罕少，空貨可貴，舉一可以例其餘，相信您不弟(大)相信我，但我已吩咐裕南回港後將情傳達，他曾(從)未到過我家，故此，命他叫「牛路霖嫂」[1]同來，到其時，懇您詳詳細細對佢相問，自然明白古巴現況一切。

本來我可以寫給您聽，不過又愁您擔心，對您工作上受到打擊，所以未敢正面提及，其實身處古國，難有前途可言，愧我少生一副翅旁(膀)，飛出這個島國，或者都是我的時也命也，連累您們受苦，枉作為人的我，顏面無光，環境既然如此，欲辯無

1 「牛路」為台山一條村的名字，此處恐怕只用其音。「牛路霖嫂」應該是我們的鄉親，閱讀以下1965–6及1965–8兩信得知這位霖嫂的丈夫(父親稱他為「洋林哥」或「霖哥」)在加拿大，父親希望離開古巴經加拿大回港時能夠得到霖嫂丈夫在當地照應。

詞，便不是對家庭置諸不理，付之腦後，愚須(雖)不才，每事自問良心，雪芳：諸事懇您勿怪我的唐突，下次再談。

七月十三日

附記：我在這一年進入中學，為此母親請父親設法給我一隻手錶，這封信中提到的蘇聯手錶我現在還記得清楚，錶面上的文字我們不認識，當時引起我的同學們不少好奇，可惜這手錶用不了多少日子就錶針脫落，無法修理，只好棄掉。

1964–12

按：此信為郵柬，寄給我母親。

雪芳妝次：在這七月份裡，由一號、十三號，連今日共三封信給您，能否完全妥收，前二次托帶之物，相信仍未帶到，下日收妥即覆。

生逢這環境的我，不知用何言語對您解釋，倘您是明白事世，[1]本應不會埋怨怪我，須(雖)然我失去生活接濟您們，此乃環境大局所迫，但我的心從未有忘記過您們的思想，其實我是不是薄情男子漢，待人接物如何，理應您心中總都會明白，可恨無情環境，弄成我如此負這辜負您們的罪名，自問顏面無光，懇您原情體諒，好好保重為要。

前匯給姑母之款，相信快就收到，伸人民幣一百二十二元，除分給各人外，我叫姑母托帶四十元出鳳屏處，姑母著者四十三元，[2]故特一談，企免誤會，料您慈悲之心，肯定同情，何況姑母處境凄涼，凡係人類，當有憐憫之感，況且是姑母之親，愧我才幹缺乏，否則，定當另眼相看。[3]

1　原文如此，或指「時世」。

2　原文所見如此。

3　我父親這裡說的姑母即我姑婆，是我祖父唯一同產，名雷認準，嫁丈夫姓林，早逝，生一子，即國均，我小時候回鄉還見過姑婆，2001年去世。姑婆在丈夫去世後單獨養育兒子，生活極其艱難，父親出於憐憫之心，希望多點對她照顧。

在外粗安，並祝家中老少旺相，請將雙親狀況來個(信)談談。遙賀康健

愉快

炳勳　七月廿八號

1964–13

按：此信寫於信紙上，寄給我母親，信封已不存。此信據其內容推斷屬1964年

雪芳妝次：這個望穿秋水的我，昨晚方才接到您的來信，宜（而）未有說及前托帶回物件之事，相信一定仍未回港，若有空暇，便中一問他們，盼能早日得到。

前匯給姑母之款，現已收妥，待我從頭對您說說：本來我知道姑母及國均[1]不會寫信，在去年接到按名姑母的來信，信內寫得非常流俐，內容認真凄慘，所謂做人乏味，要生要死等等的句法，意欲須要港銀二佰元，稿（搞）些副業，養隻豬母，來為（維）持生活，企免歲寒斷炊，其中還有多多，在此情況下底，我身為侄兒，見此情形，還以為她家庭上共國均起了變態，[2]所以我不能抽（袖）手旁觀，充耳不聞，怎能對〔得〕住姑母，故此付回五十元，連各個親人不敢分給，免另（令）姑母失望，及至收到款後回覆的來信，說及已經用盡，又因年關在即，等等需要，求我再援一些，我真以為姑母發生如此困難，所以該次款項，多給一點姑母，不至〔其〕捱餓挨饑，故此只剩四十元給您，有誰知道是國均所做所為，假若不是您來信講明，實在我仍居五里霧中，現在然（仍）未有姑母的覆信給我，懇您勿計我過去的疏忽，既

1 國均即我姑婆的兒子，上一封信已提及，現仍在鄉間生活。
2 原文如此，「變態」即「變化」之意。

成不足旋鄉旅費，乃小事耳，揸緊在港工作時間，還妙，請您不好怒我。[3]

茲收到夾來住址一張，這個人名叫方厚的，是我十年來在古巴的好友，我同方厚同檯飲咖啡起碼幾佰次，前幾月回港的伍鐵峰，就是美豐老板，亦是我的相識友好，方厚就是在美豐洋貨店出入，這樣諒您亦都明白，該次接到來信，我對方厚再次商量，方厚一口答應，還肯出盡生平本領代我辦理，但係尚有困難，因為我未曾入古籍，冇護照，前回港者，全是入古籍、有護照，未入古籍者，大陸領事沒有護照發，台灣領事已絕交，寄去美國領事館又不接辦，真堪辣手，但該次方厚答應我，代我向古政府整張[4]出國護照，可說用相當人事，或者可能達到回港希望，至少用幾個月時間，能交（夠）辦妥，成功與否，現在未敢決定，方厚現在代我盡力辦理，看他情形，似有九分把握，下日辦到如何，佳音再報。

另一方面我寫信給美方與維昌叔等幾人商量，祈望他們答允，借機位一個，[5]該是預先商量，仍未知如願否？這事懇您別好對人多談，必有重抵家園之幸，好了，下次好音捷報，並祝

愉快

愚夫炳勳　九月五日

3　此段落所言，是說被國均愚弄，將匯回鄉的錢全部給了姑婆，沒有分給其他親戚，此舉看來引起母親不滿，故此父親作此解釋。

4　「整張」即「弄一張」之意，台山話、廣東話都有這樣的說法。

5　「借機位一個」即借錢給父親買機票之意。

1964–14

按：此信與上一封日期相同，應一起寄發。也寫於信紙上，寄給我，信封已不存。

璇吾兒：昨接您的來信，內有相片一張，收到，使我十分歡喜，對於學業方面，能達平步青雲，扶搖直上，證明您平時的用功，真是我的好孩子也。今後望您們鼓起年青的恆心，努力奮鬥，同時還望您站在兄長的立場，領導三位弟弟，最突出是健斌，加以指教，企免誤入歧途，務使四兄弟並肩展翼，直衝淩霄，達到燦爛錦繡前途，此是父親向平之願望也。

來信談及偉大的母親，盡了最大力量，助你獲得學位，[1]出自您天生純孝口語，[2]殊為可嘉，您要方知天下慈母心，個個都是愛兒女如同自己性命，但相反的是我，未有負起父親責任，自問有愧於心，這個沒出息傢伙的父親，殊覺汗顏，比起您母親望塵莫及，所謂百行孝為先，千祈聽她教訓，下次再談，遙祝您們康健

愉快

父炳勳　九月五日

1　我在此年經由升中試進入一間官立中學讀書，這在當時是比較難得的，九月開學，這裡說的母親助我獲得學位，所指即此。

2　原文如此。

1964–15

按：此信為郵柬，寄給我母親。

雪芳：日前寄給您的信，料必收到，昨日又接到姑母來信，叫我匯七十元回去買架單車給國均載貨之用，彌補生活計耳，試想目下匯款，非是自由，每年只準(准)一次，同時我現在正值申請回港，亦須要使用相當，故此暫時擱落，未曾回覆。該次申請回來，似乎非常慚愧，就算我在外搞掂回港，亦是淨身一個到家，試問有何面目，不過處在半生半死環境的古島，當然要臨崖勒馬，離開為上，所以進行此舉，相信申請一定順利成功，特字預先相告，懇您放心。[1]

我生長宇宙幾十年，在環境過程上，真算得五味箱瀉轉，鹹酸苦辣都有，確有傷懷之感，可恨夕陽須(雖)好，(？)不多時，怎不教我抑(仰)天推(椎)心，幸賴賤體粗安，以慰，下次再談，並祝

愉快

炳勳　九月廿二日

1　這裡說的「淨身一個到家」，指當時古巴政府規定，華僑離去，不得帶同財產，其後我父親回港，也的確是身無分文。

1964–16

按：此信為郵柬，寄給我母親，貼有郵票部份被撕去，至內容有缺失。此信據其內容推斷屬1964年。

雪芳妝次：頃接您來信，一切均悉，關於回港一事，現已辦理八九，但目下開往捷克班機，突然停航，此亦暫時性質耳，由古巴回來者，全面返回澳門轉港，我亦一樣，不能例外，原因不能直接申請抵港，故多此一麻煩也，由於在古巴出口，唯有來往捷克航線，方能載客，目前因搭客太少，暫時停航，待復航時，方有把握，特字相告耳。

再談談申請過程，使我傷盡腦筋，前寫信去〔…〕紐約埠雷又新兄，叫佢代整[1]護照，又快又〔…〕整好寄回給我，可算兄弟上少有，同時又〔…〕電報回澳門整入口紙，亦經已辦妥，申請條件，沖(充)份齊備，但使我擔愁者，就是機位資金，各朋友及兄弟，原因轉駁困難，現已不應成(承)[2]了，另(令)我顏面無光，將來一定要求我的母親，方能完成此念，[3]下日到家時候，然後對你詳談。

1　「整」即「弄」之意。

2　「應承」即「答應」之意。

3　我祖母掌握財政權，故此購買回港機票要向她請求。

茲有一個重要問題，您千萬不可動用樓契按銀，生錢納利，您知利息如何，倘若一念之差，全家不堪設想，待下日我須要銀時，我會寫信請母親，懇您放心。

鄉下海叔[4]之事，待我設法，下次再談。

炳勳　十一月二號

4　海叔即之前信件中提及的「東海」，我稱其為「二公」。這裡說的是修葺鄉間祖屋的事，見以下1964–18信。

1964–17

按：此信為郵柬，寄給我母親，貼有郵票部份被撕去，至內容有缺失。

親愛的雪芳妹：料想您的工作很忙，真係辛苦了您，您在港聽到最近古巴的消息嗎？現在古巴總理「卡斯特羅」在大會宣佈，凡在古巴居民，願意往美國者，古巴政府一律通容批準（准）出口赴美，但主要條件，須在美國有親人代為申請，待有美國方面的證據到來古巴內政部，古巴政府自由放行赴美，此是難民方式，或者美國政府會放大船來古巴載往，現在美古兩國然（仍）在嗟（磋）商，相信可能實現。[1]

自從該消息宣佈後，我當晚寫信給各兄弟們，幸得大家都肯樂意幫忙，同時美國各兄弟們亦知道這個消息，各人都希望我早日過美國謀生，現在惟望吉人天相，達成願望，是我向平之願也，下日如何，再報好音。

雪芳妹：我相信您非常勞苦，只望您片刻都要保重金軀，倍加自愛，切勿謂（為）漂泊的我而生擔愁，相信天無絕人之路。

在外粗安，並祝居家俱各康健

愉快

炳勳　農曆十月初六日[2]

1　據現仍然在古巴的華僑回憶，美國在1965年派飛機、船隻到古巴分批將古巴放行的國民接到美國，為數頗不少。又：由於有這樣的變化，我父親在此之前回港的打算暫時撤銷，之後幾經轉變，延至1966年中才最後回到香港。

2　是年農曆十月初六日即陽曆11月9日。

1964–18

按：此信為郵柬，寄給我母親。

雪芳：據鄉下海叔前談及，上屋廊將會倒塌之危，[1]我接報後，幾經辛苦，卒能得到批準(准)只三十元，現已匯回給海叔了，伸人民幣七十二元強，[2]但可惜太少些，未知足否？收到後，他一定有信對您一談，關於修揖(葺)問題，由他自理好了。

我相信您近來早盼望我回港消息，但在共產國家下面，怎會由自己所想，出口必有多少困難，不過時間性吧，等些日子定會有好消息給您，懇您無須牽掛。

生逢亂世的我，使我無限慚愧，前日本不應返回古巴，鑄成今日之大錯，真是一失足成千古恨，連累您們受著掛念痛苦，此錯誤已成過去，一錯不應再錯，決定回家，為工為商，補嘗(償)我的過失。相見有期。

炳勳　十一月十五日

1　我家在鄉間有兩間屋，相距不遠，我們住在上屋，祖母住在下屋。我們離鄉前去香港後，上屋由東海二公居住。

2　此句意即「兑換作人民幣超過七十二元」。

1964–19

按：此信寫於信紙上，寄給我母親，信封仍保存。

雪芳妝次：屢屢提及申請一事，每次似乎屬紙上談兵，仍未實際行運（動），其中有難言之隱，茲待我再略談談，其實申請得到批準（准），便非艱難，條件已經沖（充）份，肯定成功，但苦煞思量者，就係最後一步，要取買機位匯來單據，連同一切證件拿去，方得批準（准）出口，通知買票上機，使我憂愁者，就是機位問題，付入古巴亦有一年限期，又要由加拿大這個Royal Bank銀行駁到，未免多番麻煩，故此，我曾經去信給華鉅，[1]問他能否代勞，意欲助我一臂，怎〔知〕直至現在然（仍）未見佢覆音，大概或我忘記錯寫地址之故，至失落音信耳，又麻煩內助幹（斡）旋一吓（下），主要您代辦之事有四：

"第一"，突出是該機位仟元，[2]請您必須向我母親商量，做到更妙，否則，懇速來信相告，另行設法，千萬勿輕舉妄動，切記不好典、押、揭、按，來辦機位之事，須知借貸納利險惡，身似罪犯的我，辜負家人，已覺無顏壯士，正是，秋螢蹤皓月，暗（黯）淡已無光，如再受打擊，則我亦難留命敢見您矣。

---

1 華鉅是位鄉親，住在加拿大，父親是希望他在當地幫忙，因為離開古巴買機票的錢需要從加拿大匯進來，見下文說明。

2 指一千美元。

“第二”，請到華巨（鉅）母親處，對她講明原因，叫長嬸取華巨（鉅）地址，[3]您首先將情況寫信問準（准）[4]華巨（鉅），睇佢肯幫忙否？須（雖）非借非賒，亦要如此，倘若華〔鉅〕答應代勞的話，順並懇佢寫清楚姓名住址回覆，然後，準備將機位匯去，暫時貯在他處，以便待我下日應用，此是未雨稠（綢）轇（繆），勿臨喝（渴）掘井，事關現下音信來往需時太久，一遇須要，每每失時誤事，請您小心照辦。

“第三”，倘若取到他住址，寄個給我，因為我已經忘記，一切應如何進行辦理，我們自會音信往還，彼此聯絡，保證摻地游水，[5]決不會受損失影響之危，請大家放心。

“第四”，假若時間工作問題，如執筆發生困難，求灼天代表書寫，相信您我都是心情連（淩）亂，所謂力不從心難書寫，頭腦惛暈不成章，該這對照，出自我之感覺，諒您同類耳。

下日辦到如何，時刻多多來字相告，好了，再見有期，並祝大家

愉快

炳勳　十二月三日

內有一箋，面交家母。[6]

3　「長嬸」指華鉅母親，台山人對父輩的兄弟姐妹中排行在最後的一位稱為「長某」，父輩中最小的叫「長叔」，其妻即「長嬸」。

4　廣東話「問准」即「取得同意」之意。

5　原文如此。

6　此即下一封信。

1964–20

按：此信與上一封日期相同，寫在信紙上，與上一封用同一信封寄回，給我祖父母。

雙親大人膝下，敬稟者：久未問候，罪甚，萬望原情體諒。憶自回古至今，瞬又幾個寒暑，發夢估不到今日，自從古巴變色，日甚一日艱難，該處實不堪容身與留戀，意欲回家此念耳，若不及早離開，惟有束手待斃，故此懇請母親助我機位回來，在港找尋工作，就算任何辛苦及賤役，兒亦甘願為，以彌補家庭之計，上奉雙親，下活妻兒，遠勝在古多矣，只顧住自己一身，毛(毫)無幫助家庭，故所以軫(趁)我還氣雄力莊(壯)，回來該自己的奮鬥，拋開暗無天日的古島，對不？下次再談，專此恭請

金安

兒炳勳叩　十二月三日

1964–21

按：此信為郵柬，寄給我母親，貼有郵票部份被撕去，至內容有缺失。

雪芳賢妹妝次：久未執筆音問，瞬已匝月有多，相信您定必怨恨我，此乃人之常情，我亦自問有愧，只有怨恨自己，生不逢時在這惡劣社會下面，故而影響到我的心神彷彿(恍惚)，弄成疏音問候之罪，本來屬舉手之勞，但係手不從心，每欲馳書，而又擱下，願妹知我諒我，體念我的苦沖(衷)與處境，那是我感激不盡也。

但在古巴申請者，已有數十萬人，〔…〕申請人口計算，赴美亦非一件容易之事，而〔…〕社會主義國家，朝令暮改，由此看來，〔…〕是不死永無愁盡日，近來我連接到美國兄弟來信多封，談及已經代我申請，同時在美難民委員會亦接訥(納)，祈望蒼天庇佑，達成向平之願，是所幸耳。

昨日金泉弟接到銀行通知，[1]或者是他尊夫人寄來的機位，在該環境當中，所謂無孔不入，如有暇，玉趾前往，將信情大家嗟(磋)商，[2]在外粗安，懇妹倍加保重，遙祝

愉快，聖誕幸福

炳勳　十一月初八日農[3]

1　這位金泉當時也在古巴，也正在辦理手續回香港，有關情況之後的信還會提及。

2　此句意思估計是「將此信所說的情況和大家商量」。

3　即陽曆12月11日。

1964–22

按：此信為郵柬，寄給我母親。

雪芳：未有接到你的信，不見(經)不覺兩個月餘，甚知(至)連兒子也沒有寫信給我，你一定恨我入骨，累你飽受凄涼，我亦成(承)認做〔對〕不起兒子的父親，未敢計他們不寫信問候，自知罪甚，故特首先來個抱歉，萬望你能原諒，那是我感激不盡哩。前十幾天接到內妹雪珍的來信，略得安慰一些，我當即執筆答覆她，相信已經收到了，我以為你恨我到了極頂，無心寫信給我，但又咕(估)不到昨晚，忽然接到你的來信，真使天涯孤客，尚有人憐，同時信內云，還謂(為)我求神問卜，更加銘感五內，不過這種迷信之舉，千祈切勿輕信，企免棍騙損害，關於由澳門轉回的事，實屬虛偽的傳說，不但一仟元古幣能返抵澳門，就算二仟元，我老早返回了，見字請你相信我，好不？對於目前糧食方面，懇你不必謂(為)我擔心，幸我還氣雄力壯，什麼困難都能底(抵)受，我在早六個月前，已經離開我的雜貨舖了，轉去做餐館，每月工銀九十元，每日吃三餐，你欲想知道在外情形，最近有個姓朱的人回港，是同我相識的，請向本村福裕母親一問，「即國勝嫂」，便知姓朱住址何處，當即知道在外詳細情況。[1]下次再談，茲值聖誕節降臨，遙身並祝

合家老幼過聖誕幸福愉快

炳勳　西・十二月十八日

1　父親在這裡少有地談到他在古巴的工作情況。

1964–23

按：此信為郵柬，寄給我母親。

雪芳：前幾日已給您一音，剛啱今天接到您來信，似乎灼天筆跡，緬想他起居愉快，同時並有蔡暖照兄地址，收妥，關於護照及回澳門手續，我早已辦好多時，此事不敢麻煩暖兄，企免出醜人前，見字之知（知之），懇您無須掛心。

其次惟（為）著機位仟元問題，使您關懷掛念，恐成危險，難怪您有使有一問，[1]正是道遠言略，情況隔寞（膜），而我精神上彷彿（恍惚）〔，〕未有對你說明，其實這龐大之款的仟元，是我沖（衝）出生天的命脈，當然明白清楚要穩步安全，縱是愚子，亦會想到，對匯入古巴機位，定期一年，逾期變水了，同時亦不是隨便能寄入，要由加拿大一個單位銀行轉來，方能生效，關於批準（准）出口，要在二十四小時離境，非也，見字放心，但未有我信給你說明，切勿亂動機位之款，緊記。

原因古巴政府暫時有禁令，停止飛機載客，否則，我敢肯定回港日期，事關手續全面辦妥，只乏最後機位問題宜（而）矣，到目前然（仍）未敢妄動此念耳。

前我有信寄給華鉅弟，相信近日必有回覆，到時將情轉達，保證以策萬全。

炳勳　十一月二十日[2]

1　原文如此。

2　此日期估計為農曆，即陽曆十二月二十三日。

1964–24

按：此信為郵柬，寄給我母親收，據內容推斷屬於1964年。

雪芳妝次：許久沒有接到你的魚雁，諒你的工作一定很忙，相信亦很辛苦，無宜(疑)是為著家庭而奮鬥，值得愚夫來一個謝謝。昨日接到璇兒來信，說及你身體很好，使我心情得到無限安慰，今後懇你在工作上或任何事務上，倍加愉快，放開懷抱，此是我的盼望也。

上星期一付上聖誕賀年咭三張，相信已收到了，給你的一張，咭上有一個紅色的心，內面亦有，這個意思，你明白不？下面還有相片一只，這是表現我的同心永遠心心相印，我的家庭及孩子們，永遠纏住我的心及腦海中。

在外賤體粗安，是所告慰，遙祝合家老幼

均安

炳勳　農十一月廿四日[1]

1　即陽曆12月27日。

1964–25

按：此信為郵柬，寄給我們兄弟，日期與上一封相同。

春文、夏經、秋武、冬偉諸位吾兒知悉，茲接璇兒來信，內情均已明白，並有聖誕咭給我，現在仍未收到，相信近日一定得收，同時我亦有三張聖誕咭給您們，倘若收到，懇您們明白賀咭上圖案的意義，面上劃（畫）有一盞光亮亮的紅燈，照耀著檯面上的一本書，意思是燦爛輝煌的明燈，照著您們讀書前途錦繡，望您們找（抓）住這點美意，扶搖直上，務須達到前途似錦，那是為父所希望也。

頃聞健雄兒如此天真可愛，恨我隔身萬里，未能親抱一手，使我腑（俯）首抑（仰）天而嘆，唯望您們護（互）助護（互）愛，如手如足，緊記勿忘，順祝您們

愉快康健

炳勳　農十一月廿四日[1]

1　即陽曆12月27日

1965

1965–1

按：此信為郵柬，寄給我母親。此信據其內容推斷屬1965年。

雪芳妝次：適值國曆新春佳節，祝您們大家康健愉快，剛才接到您十二月一號給我的信，得知福連告及我已批準（准）之事，冇錯，的確已批準（准）多時，原因是條件沖（充）份，首先得到美國又新兄幫忙，辦妥護照，其次曾經打過兩回電報去澳門辦妥一切，及後經古巴政府審查，然後批準（准），對離境問題，會不會過期呢？懇您少躭〔擔〕心一點，假若過期，可能再次展期，絕不會受到影響，何故此事未敢對您相告，愁恐您輕舉妄動，錯手難番（翻），緣因我未批準（准）前，古巴政府突來一個命令，停止飛機載客，因客半途跳走之故，到現在仍未準（准）載客，正在等待回港的僑胞，還有相當多，故此，成為美中不足的憾事，如果一值（直）有機載客，相信見面之期快矣，您曾記否？我前（曾）[1]經説過，趕返來過農曆年，就是這個理由，現在既成如此，則歸期何日，然（仍）未敢果斷，但不過請您無須擔憂，航空公司現已向政府交涉，相信短期內，一定復回載客，見字請照我前所委托辦理，更要倍加小心，為要，切勿疑雨疑雲，我豈貪戀海外，樂宜（而）忘返，非也。此後多盼魚雁往還，好了，下次再談，並祝

愉快

炳勳　元月四號

1　台山話「前」、「曾」同音。

1965–2

按：此信為郵柬，寄給我母親。

雪芳粧次：昨接到您的信，內有華鉅及黃金泉住址，收到無誤，我前和金泉傾談多次，懇將情轉達金泉尊夫人，切勿躭(擔)心，所謂有志者肯定事竟成，不過值(直)至目前飛機仍未載客，最為我們天涯客之憾事也。

來信叫映二寸半相片，刻即未能妥辦，下次定當奉上，緣因接到您的信當晚，馬上執筆回覆之故耳。

關於來往澳門，前我有澳門身份證，但未知可能自由往還否？下次來信，略為一談，事關隔別數年，真有十年九變之嘆！[1]待我再寫信，與卓文兄談談，求他相助一臂。

前我匯回給海叔的銀，未知能否收到，到今沒有答覆，其情如何，代查一查，否則，要向僑匯處追交，企免失落也。

在外賤體粗安，若問歸期何日，總至(之)我自問良心，但謀事在人，成事在天，欲速則不達也，每事出人意料，何況生逢這個亂世當中，確是苦煞我也，更連累家人躭(擔)心，自覺有愧，正是無孔不入，倘若有線之路回港可通，[2]當即取最速度進行辦理，望您暫且放心，好了，下次再談，並祝新春

幸福愉快

炳勳　一九六五年正月十九號

1　父親1959年回港時是先經澳門，可能因此取得澳門身份證。

2　原文如此。

1965–3

按：此信為郵柬，寄給我母親。

雪芳妝次：

今天是農曆元月十五日，正逢元宵美景，萬象更新的開端，遙祝您今歲工作順遂愉快，身壯力健，所謂佳節當前，翹望開懷盡歡。前日孩子們給我的賀年咭，到現在然(仍)未寄到，可能一定失落，白費孩子們一番心意，殊為惋惜。

在外賤體粗安，工作非常安穩，並無影響生活，但不過處在目前世間之下，遍地翻雨覆雲，試看百萬富翁又如何，不過天上浮雲一幻映(影)，故此，懇您時刻樂觀為人，對不？雪芳，請您想想，好了，下次再談，並祝

愉快

炳勳　西·二月十七日

1965–4

按：此信寫於信紙上，寄給我母親，信封已不存。

雪芳妝次：頃接來信，內情詳視，謂(為)著我累您奔馳，受盡千辛萬苦，俗語云，城門失火，殃及池魚，我問心難過，無非環境戲弄我們，至有如此淒涼，使我不禁珠淚滂沱，相反，深感您夫妻義重之恩，不辭艱辛助我，表現您的一切，我衷心欣佩，甘願結草啣環，聊當以報。

茲有麥(墨)西哥胡福榮先生地址付來，收到，今後盡我力量，採取最速度方法，完成這個任務，用作報答您辛勞的對照。

關於麥(墨)西哥過境如何，我時刻與黃金全[1]磋商聯絡，懇你們勿懸掛，相信有恆心的人蒼天不負，必定成功，請您安心靜候佳音。

現在重要問題，係機位款項，如果在香港的「加拿大國家銀行」及「加拿大 The Royal Bank」這兩家銀行，如肯駁匯到古的話，那是最好不過，但須說明，只有這兩家銀行生效，早知如此，當初不會麻煩華鉅，茲得來信言及，但未知此事屬實否？事關已(以)前未有人辦過，祈查一查，問清楚，速來字切實相告，企免誤事，意欲徹底明白，故有多此一問耳。[2]

---

1 即之前信件提及之「黃金泉」。

2 此段落所說，相信是父親曾經去信加拿大的鄉親華鉅，請其在當地幫忙匯錢到古巴以便得到批准離境時購買機票，但華鉅回覆款項只能經此處所說的兩間加拿大銀行匯入古巴，故此父親寫信回港請母親查明情況。

並〔付〕來照片四張，該次相片因現在原料差紙質劣，映(影)得認真朦，本來映(影)好匝月，理應及早寄回，奈因心性彷彿(恍惚)，同時等候您的來信，故此，日望一望，誤確(擱)月餘，疏忽執筆，萬望體諒。

在外賤體粗安，勿念。遙祝家中老幼康健

愉快

炳勳　西曆三月二日

1965–5

按：此信寫於信紙上，寄給我母親，信封已不存。

雪芳妝次：昨接來信，得知你到過香港麥當奴道古巴領事館，實屬難為了您，我老實對您談談，請您好好地工作，照顧小孩子們，勿謂(為)我而掛心，相信環境囚不住我，敢誓成功回來，對漂泊天涯的繁華夢，已成好(討)厭，寧願過著同甘共苦生活，懇您相信，好不？

過去提及我批準(准)之事，其實得到一部份批準(准)，確實不是全面，原因誠恐您憂心，故特首先做個安慰方法，有聲有色，使您心情愉快，企免影響健康，故有此舉之事耳，本是愚夫美意，諒您不會見怪。[1]

再說說目前狀況，關於辦理手續，您在家無須奔走，對麥(墨)西哥過境，已不成問題，我已加速進行妥辦，現在片刻須(雖)未得到批準(准)，不過遲早而與(耳)，此是唯一出口線，除此便無其他，但不過現下有幾千人等待出口，其中百分之九十是本土人，而外國人比較容易一點，故此，起碼還要等候相當時間，但我敢保證百分之百成功，懇以情向金泉兄尊夫人相告，勿

1 讀這兩段，可見母親對父親遲遲未能確定回港之事存有疑心，因而去了古巴駐港領事館查詢，此舉事前沒有和父親商量，故此父親有點不滿。事實上父親的家書沒有將真正情況充份説明，傾向報喜不報憂，用意相信一方面是免得母親憂心，另一方面是爭取時間，看看是否還有其他出路。在家書中報喜不報憂，一般華僑多是這做法。

懸五內，現在金泉兄申請直接回港，希望能夠大家同一時期抵達，是所願望。

您來信問及可否由捷克轉回，到如今捷克航線依然停止，回港澳唯一航行線，係加拿大太平洋航空公司，即香港昌興公司，比起捷克航程短了好多，單程票六百九十四元七，連稅七佰美元足已，比捷克公司慳番[2]三佰多元，豈不美哉。

關於機票匯款入古問題，到今我仍非常擔心，假若在港沒法匯款來古，變成前功盡非（廢），[3]故此，懇您抽出保（寶）貴時間，親身前往銀行一問，將情形說明，意欲該行匯款到古，用作購機票回港之需，美金為單位，第一最好係在港加拿大ROYAL BANK這家銀行，做事比較快捷，其次是加拿大國家銀行亦可，聲明兌美元，手續及情形如何，肯接納與否，請即速回音覆我，飛馬加鞭，深欲也。

茲預早夾來西文付款格式，以便將來應用，煩您好好保全（存），現在切不可輕舉亂動，待下日辦妥當時後（候），需款買機票，自會有電報通知，到其時攜帶該格式紙到銀行匯款無誤，緣因音信往還太漫（慢），恐防誤事，所以提早付回，但未見我有電報通知，切勿匯款，緊記緊記。

好了，下次再談，並祝

愉快

炳勳　一九六五年三月十七日

2　廣東話「慳番」即「省掉」之意。

3　台山話「非」、「廢」同音。

1965–6

按：此信為郵柬，寄給我母親。

雪芳妝次：前日給您的信，諒都一切明白，關於麥（墨）西哥胡福榮先生，我曾寫信給他，已經一月有半，首先自我介紹，同時按上我與金全[1]二人名字頓首，但到今仍未有答覆，大該（概）因陌生之故耳，或者擱落，現在亦無須（需）他，我已找到朋友，申請順利進行，見字放心為要。

前信談及付銀問題，您明白不？我正等待著您的覆信，然後放心，不過對付款手續，務須小心，千祈找位知識高些協助，比較穩重，待下日我辦妥完全，自然有電報通知付款，到那時，就是回港的時候了。

又有一事懇求，請玉趾前往「牛路村衿母處取大舅或泮林哥地址」[2]寄來給我，將來由加拿大過境，時間許可的話，第一，希望相見一面，第二，過境問題助我一臂，見字切實照辦，幸勿當閒，代將情〔況〕告之家母，若取到時，即速付來給我，有咁快則咁快，好了，下次再談，並祝家中老幼康健

愉快

炳勳　一九六五・四月二號

1　即之前信件提及之「金泉」。

2　此處提及的兩人都在加拿大，「泮林哥」即1964–11信中說到的「牛路霖嫂」的丈夫，在以下1965–8信中，父親稱他「霖哥」，並說收到了霖哥的地址。

1965–7

按：此信為郵柬，寄給我母親。

雪芳妝次：茲接璇兒來信，內情均悉，得知銀行駁款情形，略方(放)寸心，到時緊記匯足七佰美元，企免誤事，我妥辦時，打電報當寫上母親名字，現在坦白相告，莫論成功與失敗，到農曆五月尾完全明白，現在我並有信給卓文兄，望他在港助你一臂。

關於直接返回港問題，比澳門困難多多，同時我以(已)搞好寄往麥(墨)國，更得胡福榮先生之助，相信好快如願，回家後然後詳談一切。下日何時上機，我亦有電報通知，事關音信往還太遲，特先一談，到時懇提前辦理過港手續，企免居澳消費。

對於此次申請，係澳門金陵酒家何士奇先生擔保回澳，或者會提前登門來收手續費港銀一佰元，如見他到來，好好對佢說明，待我回來，親自帶到交他，懇他放心等語。好了，下次再談，遙祝愉快

炳勳　西．四．廿六號

1965–8

按：此信寫於信紙上，寄給我母親，現只剩下一頁，故內容不全，日期已不知，另信封亦已不在，按內容推斷應寫於1965年4、5月間，現置於此。

雪芳妝次：您由四月九號及十四號給我的兩封信，並有加拿大霖哥地址，同一日同一時間收到，問及入澳門問題，須(雖)然在澳國民政府領事封閉，斷絕外交關係，[1]但我的手續早已批準(准)，同時在古巴澳門領事亦已簽證多時，簡值(直)不會影響分毛(毫)，懇勿懸令。

茲得來信云及直接回港問題，便不是我唔明白，緣因當初事前交足銀紙給方厚兄辦理回澳，現已辦妥寄出麥(墨)西哥申請多時了，故此，贖手難返，[2]頃接來信所云，由澳門過港這樣困難，不能不再搞，來港的麻煩，我當即前往楊韓里兄處與他商量，因為辦理直接入港惟有楊兄一人，相見之下，他非常樂意幫忙，據他所稱，希望能趕及時間，否則，亦能取到居留香港權，自由從澳來港，故此特字相告，並有將來填表格方式預先寫來，成功與否，要待香港情形如何宜(而)定。關於福連侄辦理如何，目前恕我未知用何言語啟口，須(雖)然我倆朝夕都能相見，不

---

1 1965年3月葡澳政府關閉「中華民國駐澳門外交專員公署」。

2 原文如此，「贖手難返」料即「米已成炊」之意。

過對申請方面如許艱難，使每個申請者，感到不寒而慄，[3]來信問及在外出到了護照否，我曾代為去信紐約埠又新兄叫取過，適值這[4]

3 這裡提到的福建當時也在古巴辦理離境手續，他妻子在香港，和我母親不時有聯絡。參見1964–5信。

4 這頁信到此結束。

1965–9

按：此信為郵柬，寄給我母親，貼有郵票部份被撕去，至內容有缺失。此信據其內容推斷屬1965年。

雪芳妝次：昨十二號寫給您的信，[1]其中一段是由因在古英國領事館申請入港居留，[2]希望依時趕及批準(准)，否則，就算我先返回澳門，待準(准)許時寄回，亦能自由來港，但您須要注意的特點，遇到港方人員根查或問話，可將兒子健雄出生紙作證，係有我的姓名，其次您説本樓業是我回來所買，樓契有你的名字，你是我妻子，有這兩點條件〔…〕肯定成功，千祈謹慎照辦，切勿當閒。〔…〕五號我打電報回來，原因麥(墨)西哥發生〔…〕只準(准)由荷蘭航空公司回港，事關〔…〕太長，故此須銀九百三十美元，但該航線每隔四十五天航行一次，如此或候遲三兩個月到達，見字幸勿驚慌，保證沒有彰(障)礙，懇將情轉告家母為要。

當我打出電報，跟住倉卒執筆，誠恐〔…〕家懸念，下日收款如何，然後再字相告，其他曲直，待見面詳談，遙祝康強

愉快

炳勳　五月十五日

1　所指應是以上一信。
2　此句原文如此。

1965–10

按：此信為郵柬，寄給我母親。

雪芳妝次：昨接匯來美金九十二元三，又因未足，再電回來叫取六十五元，其中原因，待我回家詳談，現在我有位朋友劉先生近日起程回港，亦同我一樣搭荷蘭公司，劉先生是直接回港，因他居港條件沖（充）份，而我缺乏條件，未知如願否，您仍要繼續努力辦理，故此，我首先由澳門轉回，事關爭取時間，欲知詳細情形，待劉先生回港，他自然會到我家來，因我已囑呼（咐）他，到時懇您一問便知，該次所乘之荷蘭航空公司，路線非常長，經過美、歐、亞三洲，然後由萬（曼）谷轉回九龍，同時該航線每隔四十五天一班機，故此，遲些時間，切勿驚惶。

請您將情對金泉夫人說說，金泉亦一樣照辦，不過時間遲早問題，請她放心，好了，見面在即，並祝

愉快

炳勳　五月廿八號

1965–11

按：此信為郵柬，寄給我母親。

雪芳妝次：連接您兩封信，三誦之下，知累到您們牽掛，不知用何言語解釋，其實古巴政府法例，您們未能明白，在本月十五日由古巴回港有位劉宗祥先生，住九龍深水埗東沙島街182號三樓，如須要徹底清楚，懇往詳細一問便知，本來我比您們更加焦急，奈因事不由人，我便（並）[1]不是等候香港批準（准），是回澳門，對於機位問題，不會過期，請大家勿用擔心，將情對家母相告，[2]切勿糊（胡）思亂想，輕舉妄動，該信相信是由古巴寄出的最後一封，下次就是回港的電報，現在我的精神連（凌）亂，就此擱筆，見面再談，並祝愉快

炳勳　西．六月廿一號

1　台山話「便」、「並」同音。

2　意即「將情況告訴我母親」。相信父親當時購買機票的款項是我祖母給予，故此父親一再囑咐母親向祖母報告情況。

1965–12

按：此信為郵柬，寄給我母親。

雪芳妝次：屢接來信，我知你十分掛心，惟(為)著我回港累您受盡辛苦，但我在外未常(嘗)[1]比你更焦急，無奈有時事與心違，未能一刻如願，但不過或者遲些時間，見字懇您勿謂(為)此事躭(擔)愁，您在六月十七給我的信，收到，一切已經明白，希望最短期間起程回來，茲值我因作事疲勞，精神非常彷彿(恍惚)，就此擱筆，並祝各人康健

愉快

炳勳　七月廿一日

1 「未嘗」在此作「其實」解。

1965–13

按：此信為郵柬，寄給我母親。

雪芳賢妹妝次：昨日接到璇兒來信，知道劉宗祥到過我家，此乃我前日所托，早知您們朝夕懸望，事關意欲返澳，每個人必經的過程，或者要等候相當時間，但我咕(估)不到到現在仍未有消息，懇您不用躭(擔)愁，遲早定能批準(准)出口，勿謂(為)此事而影響您的金軀，保證不會辜負大家祈望，幸蒙賢妹過愛，我自問良心，倘若無情，則我亦難留面敢見家人矣。

關於機位之款，已存銀行寫明用來賣(買)機票返港之需，永遠不會過期，同時亦寫明美元，等候批準(准)隨時起程，見字請大家放心。

現在茲匯來古銀伍十元，駁回大陸海叔處，原因匯兑規則，父母妻子準(准)匯一百二十元，同胞兄弟一百元，叔伯嬸姆(母)伍十元，故此已經匯出伍十元，下日海叔收到，定有信通知您，交您處理，但前日海叔有信寄來求助，恐防因貧乏所迫用去，此是將來後話，到時打算。[1]在外賤體粗安，不過近來好懶執筆，可能疏於往還，請祈原諒，遙祝康健

愉快

炳勳　八月十二號

1　這幾句的意思是匯到東海處的五十元，應按母親指示分配，但東海由於自己貧乏，很可能將全部五十元用去，後來實際情況即如此，見1966–1信。

1965–14

按：此信為郵柬，寄給我母親，貼有郵票部份被撕去，至內容有缺失。此信亦據其內容推斷屬1965年。

親愛的雪芳妹：自從您寄機位給我，悠悠已經過了四、五個月，在這長期中，我良心自問，確實非常難過，未知要何言語來向您解釋，昨日接到您的來信，睇罷，更此(使)我慚愧無法自容，累您終日不安，秋水望穹(穿)完全謂(為)我一人造成，愚兄願負一切罪狀，這都是環境迫成，便不是我有意願的，但妹您無須因該事憂愁，常帶著失望心情而影響金軀，凡事要多睇開一點，時刻努力自愛，謂(為)家庭前途打算，但我回港願望，保〔…〕成功，決不辜負您的祈望，懇您相信我吧。

〔…〕廿二日有位姓張的朋友，返回澳門了，他伸(申)請〔…〕過八個多月，然後批準(准)出口，故此，可知出口的一切困難，不用我以朮(說)話形容了。

關於我的護照，過去是展期一年，現在已經辦妥了，請您放心，但不過何時批準(准)出口，到今然(仍)無法估計，其實我比您更加著急，宜(而)環境偏依為難，下次再談，順祝

愉快

炳勳　農．九月廿四日[1]

1　即陽曆10月18日

1965–15

按：此信為郵柬，寄給我母親。

雪芳妝次：瞬將匝月，疏於執筆問候，諒您非常掛望，盼我早報佳音，緣因我未有值得要談之事，故此忽略執筆，但對申請問題，懇您無須懸念，我敢話肯定如願，不過在社會主義國家，申請出口，非一朝一夕能做得到，試想大陸申請出港，土地相連，尚且如此困難，何況遙遙萬里的古巴，同時過著幾圍環境，[1]更不在話〔下〕，只是時間問題，所謂有志者事竟成，目前然(仍)未敢果斷起程的日子，但進行申請認真順利，請您放心，下日如何，好音再報。

前信談及伍鴻輝最近由古回港，[2]未知你見過他否？此人須(雖)欠些聰明，但非常忠誠老實，有一句說一句，並無半點虛言，欲明在外情況，對他面談便知。今年颶風頻頻，未知我家有無影響，懇您下次執筆多寫幾吓，將事一告。

在外粗安，並祝您們愉快。

相見有期。

炳勳　十月十六號[3]

1　原文如此。

2　在之前的信件中，未查得提及過這位伍鴻輝。

3　此應農曆，即陽曆 11 月 8 日。

1965–16

按：此信為郵柬，寄給我母親。

雪芳內助妝次：您十一月廿三日給我的信，已經收到，得知伍同輝[1]到我家將情轉達，此是我之委托，恐您謂(為)我憂愁，影響您的健康，故有此舉耳。

目前飛機須(雖)然停航，使(只)是暫時性質，相信快要復航載客，原因是搭客半途逃走影響，故有暫時停航之事，對我回港問題，決不會使您失望，不過時間性快與漫(慢)吧(罷)了。故此，我前寫一信給您及母親，叫您共華鉅商量，將機位付去佢處，以待急需，如若我未有萬二分把握，此機位之款決不寄人(入)古巴國門，這樣，以策萬全之計，絕不受任何牽制，懇您放心，一切照做可也。

您問及搭船可以不？難怪您惟(為)我〔…〕亦是您愛我的表現，我五內銘感，但在這幾年來，聞都未曾聞過有船載客回港，同時古巴亦沒有載客大洋船，豈不是望洋空自嘆。

關於申請方面，保證批準(准)我出口，您千祈不必憂慮，對於物件問題，我視若浮雲，您來信建議，須(雖)是美中美，但其中底蘊，您知其一不知其二，待我見面然後詳談，茲值懶於描寫，諒…。

1　即上一封信說的「伍鴻輝」，台山話「鴻」、「同」同音。

前日惟(為)著機位問題，求援他人，咕(估)不到人情這樣冷暖，世態如此炎涼，從現在起，我有鐵咁硬的手腳，堅決不向環境屈服，好了，下次再談，年間(關)在即，並祝

新春愉快

十二月十八日　炳勳

1965–17

按：此信為郵柬，寄給我母親。此信據其內容推斷屬本年。

雪芳賢妹妝次：玆接到您朵雲，說及家父年邁甚疲之事，使我淚濕衣衫，肝腸寸斷，真是不孝的我，辜負養育之恩，恨煞環境欺弄，未能如我願，乎(夫)復何言，愧無羽翼與縮地之術，奈何奈何，冀望蒼天庇佑，賜以康強之身，而家父已屆古稀之秋，縱有不測，此亦人生必見一回，惟望賢妹須盡媳婦之道，更代我倍加一份服侍，使他老人家得到一點安慰，為盼遵循，是所希冀也！[1]

關於往美國問題，我已領取表格填寫申請了，同時在美國方面亦見辦妥，希望如我生平之願，沖(衝)出古島，做過一番新氣象，須(雖)然現在困於囚籠，但我的壯志半點未有消沉，堅決為前途而奮鬥！

故此，對回港問題，暫時擱落，機位這款，不是一年過期，永遠生效，適值這赴美機會，應當用雪亮眼睛望遠些，懇您不用〔為〕我擔愁，好好倍加保重千金之軀為要。[2]

1 我祖父1959年來港時已六十七歲，在我記憶中，他健康不好，常常臥在床上，很少離開房間，由於語言不通(他只說台山話)，外出活動就更少。他有胃病，當時我家貧困，他沒有看醫生，用硼砂粉沖水喝作為調理。他在1966年2月9日去世。

2 讀這兩段，可見父親回港之事出現反覆，1966年初的幾封信有較詳細的說明。

璇兒來信收到，請您時加教導，四兄弟年尚幼稚，教育便非等閒，目前生活須(雖)然苦，將來到底總是甜，好了，下次再談，在外賤體粗安，並候家中俱各康健

愉快

炳勳　農曆十一月廿七日[3]

3　即陽曆12月19日。

1966

1966–1

按：此信為郵柬，寄給我母親，貼有郵票部份被剪去，至內容有所缺失。

雪芳賢妹妝次：茲值新春佳節，首先恭喜合家老幼康健愉快。

前日您來信問及往美，何人代為申請，難怪您掛心，待我對您說明，是維昌二叔及又新兄在美負起責任，現在已經寄來給我入美保證書了，我正在加緊辦理手續，希望早日完成向平之願，不過所稱關係，堂侄，故此，一時未能輪到，還要等待，見字懇〔…〕心，倍加保重身體，終有幸福日子〔…〕過您，而我不是冇心肝之徒，請您〔…〕信我吧。

近來啟照連來信三封，對鄉間情況說得非常詳細，可恨環境束縛，難如所願，殊覺汗顏，幾日前寄給東海五十元，相信定必用盡，同時他的生活，一定不甚好過，無謂根究已往，算了吧，現在我仍未盡義務招（照）顧他們，下日如得生財有道，堅決做到另眼相看，[1]好了，下次再談，並祝康健

愉快

炳勳　1966 一月十三日

1　此段落中的「啟照」是我母親的姨甥，姓譚，居住在台山鄉下，1996年去世。此段內容，大概是啟照知道我父親有錢匯回給東海，但東海沒有分給鄉親，故此啟照去信我父親，將鄉下各人的困苦情況說明，但我父親料到東海已將匯回的五十元用盡，他無能為力了。

1966–2

按：此信為郵柬，寄給我母親，此信據以下一封的內容推斷其屬於1966年。我父親在這封信裡說出了抗拒回港的原因。

雪芳賢妹妝次：久未執筆問候，瞬將匝月，請您原諒我的疏忽，實因近來心情波動，故有影響我執筆耳，其實我的心，從未離開過您們，午夜夢裡徘徊，常繞我的腦海之中，二月一號我有位好朋友李國相先生由古巴返回澳門，他抵埗，定到我家一行，您如須要明白我在處實際情況，向他一問便知，事關我的一切證件，國相在古時已經全面睇到，如入美保證書及新護照等，[1]不過我因環境驅使，目前未便回港，趁著往美的機會，冀望達到目的，原因我膝下有四位孩子，試問返港怎樣教養，如何搞得掂四個兒子將來，更使家庭方面，從此走向凄涼景象，故此，我堅決不俱(懼)目前居古的非人生活，再等候些時，相信有志者事竟成，到時，自然帶來幸福的生活給您，懇妹珍重，並祝

愉快

炳勳　西·二月一號

李相國住宅「九龍城衙前塱一號B三樓」

1　父親在這幾封信中一再提到的「新護照」，應是從美國寄給他的國民政府護照，他將舊護照寄到美國，托當地的親戚代為辦理新護照。

1966–3

按：此信為郵柬，寄給我母親，貼有郵票部份被剪去，至內容有缺失。父親在這信中進一步說明不願回港的因由。

雪芳賢妻妝次：茲接您由元月初三日給我的信，三誦而未釋手，來信所談一切，均屬近理而正確名(明)言，如要我回來，試問生活如何搞得掂，原因香港便不容易撈，[1]由(尤)其是台山人們，實際上經濟生活築在倚靠華僑的浮沙堆上面，僑匯影響就會發生困難，故此，現在趁著有往美的機會，我無論如何困苦艱難，要等待成功達到目的，再帶來幸福生活給您，前日叫您付機位銀之時，睇見古巴無前途可言，寧願回來同甘共苦，遠勝在外漂零，事關這時候未有往美國的條例(件)，弄成如此，倘若我赴美得嘗(償)所願，當速努力低(抵)填我的損失與罪過，關於健初、健斌兩個畜生(牲)，簡直朽木不可雕也，累您〔…〕，您又要顧住工作為(維)持家庭，何來時間管〔…〕身為父親，殊覺汗顏，可恨兩個不肖孩兒，〔…〕堪造就，但在這十三、十五歲的幼小年齡當中意〔…〕穩定，懇您饒(曉)以利害，希望他臨崖勒馬，〔…〕前非，走(糾)正過來，否則，然(仍)係一樣懶惰讀書，請您做個最後警告於他，將來切莫埋怨父母，任由他停學或出來捱下勞苦工作好了，遲些時佢自會明白，然後另行設法。

1　廣東話「撈」即「謀生」之意。

日前托李國相回來報告，料已明白一切了，此是千真萬確，便無半點虛言，如有懷疑，詳細對國相再問，在外賤體粗安，勿已（以）惟（為）念，努力自愛，懇倍加保重，並祝愉快

炳勳　1966農．二月十二日[2]

2　即陽曆3月3日。

1966–4

按：此信為郵柬，寄給我母親。

雪芳賢妹妝次：近來疏忽執筆問候，便不是忘卻您們，同時亦非有特殊事情，只因我最近所受折磨太多，第一，接到家父仙遊消息，[1]使我痛失三魂，第二每欲諸事四圍撞石，處處是黑，在此失意場合之下，實屬枉為人也，試想該樣心情俱恢（灰）環境下面，力不從心怎（？）書寫，因此，久疏音問，伏乞原情體諒。

半月前接到二嬸寫來的信，今日又接到您由二月廿七給我的信，我三次再誦而未肯釋手，內容談得正確無訛，俗語云，萬事榮枯皆有定，浮生碌碌空虛忙，堪笑呆人不安命，強覓冬雷與夏霜，賢妹來信所談，近乎情理，使我無限慚愧，而自問良心，何必抛妻別子留戀海外，人生如蜉蝣於天地，應視富貴若浮雲，您來的意見，當即遵循照辦，真似明燈與指南，刻即進行雙管齊下方法，前正月已經接到古巴移民局表格，填妥申請往美，但不知何時聯（輪）[2]到，現在每星期有仟人左右赴美，現在茲又將新護照蓋印，另一方面申請回港，希望兩者之間，每處首先批准，快

1　我祖父在1966年2月9日逝世。

2　台山話「聯」、「輪」同音。

些離開暗無天日的古巴，不過多用精神，見字懇您放心，決不食言，在外賤體粗安，下次再談，並祝

愉快

炳勳　閏三月初二日[3]

附記：對於祖父逝世，我至今還記得，這一年我十五歲，讀中學二年級。祖父1959年回港後，我和他一起生活了約七年，記憶中他多數時間躲在自己房間裡，很少參與家務，說話也不多，這恐怕和他長年在外，對家中各人都感陌生有關。祖父最後的日子臥病在床，一天放學回家後我發覺他已經死了，馬上打電話給母親，母親當時在製衣廠工作，接到我電話，惶恐地大叫一聲，然後趕回家來。我母親膽子小，應付這種事情手足無措，幸好我姨丈姨母住在附近，可以幫忙。祖父逝世，是我們家庭第一次在香港辦喪事。再辦喪事，是兩年後父親故去。祖父辭世後約三個月，父親回到香港，他最後立下決心回來，相信和祖父的逝世有關。

3　即陽曆4月22日。

1966–5

按：此信為郵柬，寄給我母親。

雪芳賢妹妝次：前十幾日給您一音，今又執筆談談，自從接到您的信，內中並夾寸箋，使我心情起了無限波動，其實我係個愛護家庭之人，尤是父母妻子，無時片刻不懸在我心間，當初出外理想和願望，無非使家庭與家人得到安樂，豈料出乎我的意料之外，真係時也命也運也，現在既然理想與願望成空，不怨天，不怨地，只怨自己生不逢時，徒然空度十載大好光陰，至（致）另（令）賢妻受盡千辛萬苦，現在好夢初醒，決不存著奢望的觀念，就算將來找到銀紙，難以彌補精神上久別的痛苦，故此，落下決心回來，甘願分擔一份，同甘共苦，兼指導與愛護兒子，現在已經將舊底一切從新填妥，比過去初時快十倍，於昨日已經開始申請了，懇靜候佳音，並祝

愉快

炳勳字　閏三月十四日[1]

1　即陽曆5月4日。

1966– 6

按：此信為郵柬，寄給我母親。

雪芳妝次：昨接璇兒來信，跟住又接到匯來機位銀六十九元，前後兩次均已收妥，該次所搭飛機係荷蘭航空公司，即KLM，經過瑞士轉曼谷回香港，待政府通知某日上機，自會有電報相告，到時您在港用電話向荷蘭航空公司一問，便知何時抵達及一切，姓名Julio Luis，此次回來和前次一樣，先回九龍然後轉往澳門，他日您接到電報，懇動動腦筋，望早日轉回香港，是幸。

關於直接回港申請問題，倘若在港使用銀紙辦理，千祈分文不好使用，事關直接回港批準(准)，只準(准)六個月逗留期限，故此，將來亦費一番手續，總至(之)先回澳門，然後另行設法，好了，見面快在目前，並祝

愉快

炳勳　西曆六月十二號

1966–7

按：此信為郵柬，寄給我母親。

雪芳賢妹妝次：關於申請回港問題，相信近日得到批准，何日起程上機，當即有電報通知您，倘若接到我的電報，請您向在港KLM即荷蘭航空公司，打個電話一問，便知時間與鐘數抵達九龍卡(啟)德機場，懇您抽出時間，加移玉步前來，是為方便。

我的西名：Julio Luis，譯漢話「周羅雷」，[1]同時如有航空公司人員到來，收過境費港銀三十五元，請您交他。

相見在即，見面再談，並祝

康健愉快

炳勳　夏 · 五月初二日[2]

1　此處同台山話發音。

2　即陽曆6月20日，郵柬上的郵戳可供核證。

附件

按：我父親此年6月中回到香港後，還收到一些親戚朋友從古巴寄給他的信，現在還保留下來的有兩封，迻錄如下。

其一

按：此信為郵柬，寄信人雷家銘是我們的同宗親戚，此信本無標點，現加上。

炳勳賢侄如見：今接你七月十七號來信，報告乘機一路福星平安到埗香港而過澳門，得聞之餘同慶歡忭者也。倘若他日復返香江，千祈教導定榮在港交接朋友兄弟等務要小心，切勿悞(誤)交反人是幸。[1]該處各僑胞往花旗者亦依然如故遲滯，福連雖然通知問話，未知何日可能動程。目下無工作做，對於糧食乃成問題也。此覆並詢

平安

家銘字覆

1966年八月十五號

1　原文如此。定榮相信是其在港兒子。

其二

按：此信為郵柬，寄信人名齊深，不知其姓氏，郵柬背面回郵地址為哈瓦那一商號。這位齊深君1959年時也有過信給我父親，收入是年家書附錄中。此信無標點，現加上。

炳勳家兄台鑒：啟者弟於昨三〔月〕卅一日得接來函，內述各情聽悉，祈勿念。遙祝兄居港與家人等大小一體均安，是弟之慾望耳。現弟在處亦幸賴一切粗安，祈勿念。

蒙兄過愛，應諾影相片寄回弟之慈母觀看，相信佢一定非常歡慰。請兄時刻同弟之家人聯絡，是弟最為盼望也。

關於兄述及寄報紙來古弟睇一事，請兄收回成命，因為在處光華報亦略有告及文化大革命與(以)及走資本修正主義者。[1]弟相信在今年內大陸人民非常之痛苦及不安寧。

現略告古巴生活。自今年二月起，對於電火方面電局經已下令人民節約電火，因為燃料無法供應。在灣城而言，經已有數個區域由六點至到八點無電供應，相信郊外更無法供應也。對於糧食方面，集(雜)糧方面甚少薯仔，現每兩星期內一次，米方面在三月中旬紛紛傳說在四月份每人斤半，還是不幸中之幸。恰巧中共貨船及時趕到，然後依舊每人三斤。倘若今年中共同古巴訂

1　古巴在1959年革命前有三份中文日報，分別為《民聲日報》、《華文商報》和《開明公報》，出版地都在哈瓦那，另在東部城市Santiago de Cuba有一份《光華報》，由左傾華僑印行。古巴革命後原來的三份日報先後停刊，《光華報》則遷至哈瓦那並每日出版。參見雷競璇上引：《遠在古巴》，頁63至65：〈光華報〉。

商約唔常，相信古巴人人唔使煮餐有之。[2]兄你亦經已常（嘗）試過古巴生活，無容多述也。

聞兄在港已找到工作，弟非常之欣慰。未知兄做何種工作，勞兄下次來字告及。餘未細及，此祝

安康

弟齊深上

1967/4·1

2 這兩句的意思相信是「倘若今年中共與古巴訂商約不成功，相信古巴可能人人都無法進食」。其中「唔常」估計是廣東話的「唔成」即「不成事」。

後記

父親1966年6月回到香港，一如他在家書中說，乘的是荷蘭航空公司的班機，繞了一個大圈從美洲經歐洲回來，身上分文全無。他在香港沒有居住權，下機後就轉去了澳門，其後是從澳門偷渡返回香港的，接著要用賄賂方法取得香港身份證，這在上世紀六十年代的香港，不是稀奇的事，我還記得，他定期去旺角警署交賄款。他去世後，留下身份證，母親曾經慨歎，説花了不少錢拿到這證件，到手沒多久，父親就走了，這身份證再沒有用了。

回到香港後，父親落入近乎一籌莫展的困境中，他人地生疏，廣東話不大能説，找工作自然非常困難。我當時十五六歲，略懂人事，也目睹了世態炎涼。1959年父親來港時，一家都很風光，他穿筆挺西裝，以古巴大煙奉客或送禮，到訪的親朋眾多，門庭熱鬧，父親偶爾帶同我們兄弟外出訪友或探親，對方都熱情接待。1966年父親再度回來後，完全換了一種光景，他自然抑鬱落寞。二弟親歷過的一件事，很能反映父親當時的無奈和無助。這是有一次他得到一張西式糕點贈券，這在當時也算是難得的事，他帶同二弟去領取，到了糕點店，由於廣東話說得不好，他被店員奚落了一番，領得糕點後，他出門離去時氣憤地將糕點摔在地上，悻悻然地向二弟說：不要吃了。

父親回來不久，香港就爆發暴動，市面蕭條，他找工作，自然就份外困難。他最後在一間假髮廠覓得當小工，和漂染有關，放工回來，兩手總還有洗不脱的顏色。他去世後母親不時說是這份工要了他的命，因為漂染的化學用料釋放有毒氣體，父親吸入後患上肺癌。這多大程度屬實，我難以判斷，但父親的確上班後不久就發病，在1968年11月27日去世，當時四十八歲，回來香港不過短短兩年餘，他離開古巴時，相信做夢也不會想到自己回到香港竟是如此短暫。

父親患病和求醫的日子，我至今猶印象深刻。當時家中貧困，母親想過將房子賣掉為他治病，但父親看到膝下幾個孩子尚嗷嗷待哺，沒有答應。其時香港的醫療條件不好，他沒有進過醫院也沒有得到過多少恰當治療，有時看看西醫，有時看看中醫。病發初期，醫生不確定是否癌症，又因為我們負擔不起檢查費用，只好每隔三兩天到附近電影院的大堂用那裡的體重機投幣測量體重，我常常陪他去做這事，心裡其實很懷疑這樣做是否有用。後來中醫說有一種好像蝸牛的貝殼動物有療效，並告訴我們在坪洲可以撿到，於是母親和我乘船去了坪洲，在山頭跑了一遍，卻什麼也沒有拾到。父親患病期間，母親生下第五個孩子，此即五妹，父親為她取名綺梅。出於迷信原因，綺梅出生後托養在姨丈處，沒有回家，父親也就從沒見到過。五妹出生後三個月，父親病逝，因是之故，綺梅的名字沒有出現在家書之中。父親病到後期，痛楚加劇，我們只能在藥店買些克痛藥片之類讓他舒緩一下。也是到了後期，父親虛弱，走路困難，我往往要將他揹在背上去求診。父親最後在家中去世，是個晚上，母親伏在床邊嚎啕大哭，我站在一旁，深刻地感到茫茫然。

父親逝世半個世紀後，我整理他遺留的家書，感慨萬千。佛家說：眾生平等，都是悲欣交集。是否如此，我不知道，總覺得父親生不逢時，命途多舛，顛沛海外，空手回歸，沒有過上多少好日子，最後英年罹疾，鬱鬱而終。留下的這約二百封家書，讓我們多少窺見他在崎嶇人生路途上的掙扎。

在這些家書中，我母親是作為收信者而現身，她自己的說話我們沒法聽見。我讀了父親這些家書因而在2010年去古巴，心中懷抱著這樣的期待：會否在那遙遠的地方尋回母親寄給父親的信呢？結果當然一無所獲。我很感激母親，沒有她一往情深地保留這些信，我們後人無法窺見當年的這番經歷。我自己和父親共處的時日不多，但和母親一起的歲月甚為悠長，她一生其實也是苦日子居多，在我記憶中，她臉上幾乎沒有出現過笑容。我上世紀七十年代中大學畢業後，離港出洋，輾轉去了法國遊學。十年後回港，回來時母親五十多歲，剛患上腎衰竭。這種病無法根治，不會好轉，很折磨人，折騰了十多年後，母親去世，在2004年。寫信者和收信者都離開了人間，遺留下信上的文字給予我們。

乙部　譚家三代

譚震勝小時候在鄉間和母親的合照。

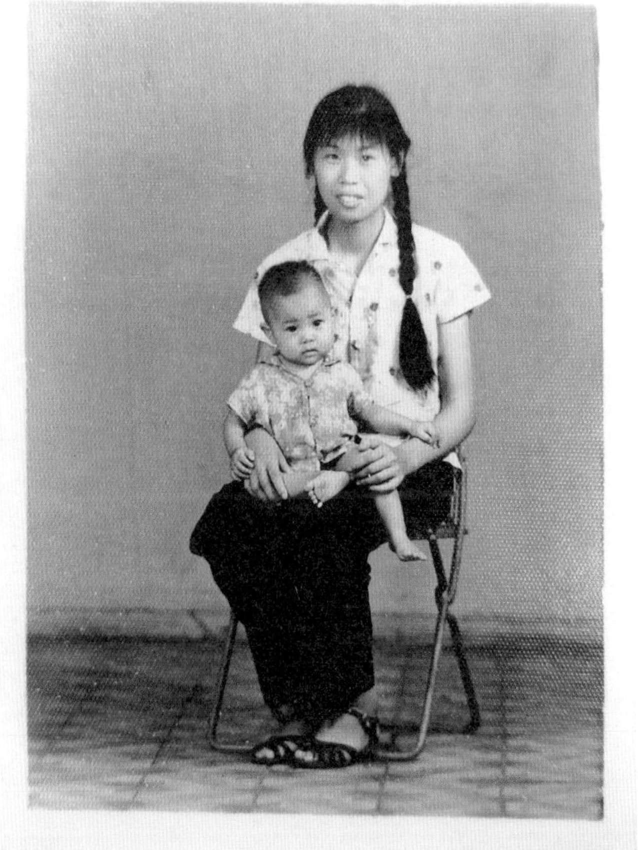

譚摘相去世後譚震勝在他遺留的錢包中找到這張照片，照片中手抱小童的恐怕就是鍾小姐了。

譚摘相，1978或79年，時在波士頓。

晚年譚摘相，約1995年去世之前，香港。

簡介

2015年初我的小書《遠在古巴》出版，不久之後，一位大學時期的書友聯絡我，說他有一個姓譚的朋友想和我見見面，是位已退休的公務員，其人的先輩曾經在古巴生活和工作過。我當然樂於認識他，於是經由書友安排，我們在旺角一間餐廳會面，見到的是和我年齡相若的譚震勝先生。譚先生讀過我在報章專欄上的文章，對我的背景有一定了解，找我見面，主要想談談讀了《遠在古巴》後的感想。他跟我說：我在書中主要敘述華僑漂泊在外的困難和艱苦，包括我父親的經歷，但我忽略了故事的另一面，即留在家鄉的華僑眷屬，處境其實也一樣艱苦困難，然後，他向我訴說了他們家庭三代的遭遇。

譚先生說出的故事，對我觸動很大，雖然我祖母、母親和我們兄弟都屬於留在家鄉的僑眷，但我寫作《遠在古巴》時，的確只關心華僑在海外的境況，僑眷的情狀不在視野之內。譚先生幾代的故事，聞之不勝欷歔，非常能夠反映在鄉僑眷很不一般的生存面貌。和譚先生這次見面後，我深深感到，他們家的經歷應該好好記錄下來。

不久之後，我聯絡了《明報》副刊版的編輯，提議和譚先生作一次詳細的訪談，將故事筆錄和整理後發表出來。編輯同意了，譚先生也答應受訪，於是《明報》安排了洪藝傑這位特約撰稿者和譚先生進行訪談，訪談時我從旁協助，洪君之後根據訪談錄音，整理成〈他們相隔大海——華僑婚戀悲歌〉一文，分上下兩篇刊登在《明報》上（2018年1月31日及2月6日），由於篇幅限制，全文數千字，只能比較簡略地說出譚家幾代的經歷，說不上詳盡。

再之後，我整理完成我父親遺留的家書，家書的原件贈送給中文大學圖書館保存，繼而和中大出版社談妥，將之出版。我覺得應該趁這機緣將譚家的故事一併收錄，於是再聯絡譚震勝先生，他同意了。譚先生大學本科修讀文學，又雅好戲曲，有很高的文字修養，我請他執筆將他家幾輩人的故事書寫出來，但他回覆說：這樣子重新回憶舊事，十分痛苦，他不想又一次折磨自己。我很體諒他的心情，沒有堅持，改為以洪藝傑君之前的訪談錄音作為根據，稍加補充，寫成以下的文章，再請譚先生細閱一遍，然後定稿。

能夠將譚家的經歷記錄下來，我感到欣慰，非常多謝譚震勝先生的信任。

譚家故事延綿數十年，涉及幾代人物，為了幫助讀者了解情節，現將主要人物表列並略作說明如下：

譚名寬：譚震勝曾祖父，美國華僑，晚年回鄉。

譚宗儒：譚震勝祖父，1894年生，古巴華僑，終老在古巴。

黃慧蓮：譚宗儒妻子，譚震勝祖母。

譚摘星：譚宗儒長子，早歿。

譚玉瑤：譚宗儒長女，下嫁美國華僑，定居美國。

譚玉璇：譚宗儒次女，早歿。

譚摘相：譚宗儒次子，譚震勝父親，古巴華僑。

聞貞潔：原名嘉燁，譚摘相妻子，譚震勝母親。

譚摘匡：譚宗儒三子，譚震勝叔叔，古巴華僑。

霍雅麗：譚摘匡妻子，譚震勝嬸嬸。

譚震勝先生口述三代經歷

我們這個華僑家庭的故事，主要是靠先輩所説的片段和零碎的記憶組合而成，當中涉及的年齡、日子等可能有偏差，年齡的計算是根據從前農村人的習慣，往往是虛齡，不一定是足歲，例如我祖母是農曆十二月出生的，按老習慣，落地算一歲，過了新年再添一歲，是兩歲了，雖然實際上可能連一個月都未足夠。

根據家譜上的記載，我們的先祖文盛於前清嘉慶九年即公元1804年在台山白水出生，相信是務農為生。白水這地方當時應該還很落後貧困，該地有一處名為瓦窰，大概是燒製鋪屋頂用的瓦片，白水村民常常說自己是來自白水瓦窰，這已經令他們感到自豪。從嘉慶到光緒，我家幾代人經歷的事情無論文字或口頭都沒有留傳下來。到了1894年即光緒二十年甲午，我祖父宗儒出生，他有一個妹妹，名瑞娥，也就是我姑婆，姑婆何年出生，現在已無法稽考。[1]他倆出生後，他們父親即我曾祖父名寬去了美

1　編註：據譚震勝先生補充，瑞娥後來在家鄉成親，一直留在家鄉，在一九六零年代時去世，子孫現在還生活在新會。

國紐約當勞工，成了美國華僑，他用什麼途徑去的，我們不清楚，也不知道他在美國做什麼工作，他晚年回鄉後經常憶述，在紐約工作非常辛苦，住在山邊木屋或者洞窟裡，有一次山泥傾瀉，他差不多被活埋。直到後來他的兒子在古巴有些少事業基礎，他自己也五十多歲，要退休了，才回到家鄉。

祖父宗儒與祖母黃慧蓮

輾轉到了民國已經肇建的1912年，先祖父宗儒十八歲，在鄉下讀私塾，老師名叫林殷甫，[2]是位秀才，這位秀才到過省城應試，落第而返，於是在家鄉設館授徒，宗儒在他門下讀書。宗儒本名天廣，這是他父親為他所取名字，入了私塾後，林殷甫才為他取名宗儒，他以後就用宗儒這名字。林殷甫和白水一家黃姓村民相交甚善，黃家有一閨女名慧蓮，林殷甫想當媒人，撮合宗儒和這位黃家小姐。宗儒回覆說有一個要求，就是這女子不能纏足，當時大清雖然已經覆亡，但社會上舊風氣還延續，纏足女子仍多，宗儒說如果娶纏足女子為妻，到了晚上，解開纏腳布，臭味很難受，他不願意和這種臭腳女子同床，這是宗儒提出的唯一條件。黃慧蓮是天足的，於是不成問題。當時社會上亦開始有文明風氣，盲婚啞嫁漸被汰棄，於是雙方家長約定，安排兩人見

2 編註：譚震勝先生後來補充說對「殷甫」這名字不敢完全確定，發音如此，但可能是其他同音字。當時私塾的學生稱其為「林老師」或「林夫子」，不敢直呼其字，故此對「殷甫」兩字也難於確定。

見面。1912年農曆三月二十三日是天后誕，當地有廟會，宗儒是日悉心打扮，穿一套藍色長衫，衣袂飄飄，跟隨老師去天后廟拜神，其實是到那裡伺機和黃家小姐相見。而黃慧蓮即我祖母也穿戴整齊，身上一襲小鳳仙裝，隨父母到天后廟進香。雙方約定了在該處碰面，實質就是「相睇」，這樣的安排不致引起尷尬。結果兩方都覺得合眼緣，於是老師為媒，譚家下聘禮，擇吉成親，黃家小姐坐著大紅花轎過門。這當中的情節我現在能夠說出，是因為祖母在不同場合提到過，至於1912這年份，我是按照祖母說宗儒祖父生於1894年，結婚時十八歲，因而推斷出來的，不一定準確。慧蓮祖母當時十六歲，應是虛齡。他倆結婚時，曾祖父名寬在美國，沒有回來。由於得到曾祖父在外接濟，宗儒在家鄉不必務農，入了私塾讀書，據說在林殷甫的弟子之中，他是得意門生，因而老師主動撮合姻緣。

轉眼間到了1920年，宗儒二十六歲，慧蓮二十四歲，膝下已有五名兒女，從前農村多生小孩，五個子女其實不算特別多。五人分別是長子摘星，次女玉瑤，她是我大姑母，三女玉璇，四子是我父親摘相，及五子摘匡，這些名字都是林殷甫取的，可能有些典故。不過「摘」字用作名字較少見，別人往往寫成「澤」字。到了這年紀，宗儒很想去美國和父親一起在當地謀生，但曾祖父名寬不同意，說華僑去了金山表面上好像很風光，但在外其實辛苦亦辛酸，並非鄉民所能體會，他覺得宗儒既然已在家鄉讀書，從學宿儒，不如就留在家鄉教學，另外做些小買賣，最不濟還可以當個猢猻王，大不了誤人子弟，也可換得安樂茶飯，總勝過遠涉重洋做勞苦工作，故此他不願意申請兒子出洋。但宗儒可能受台山風氣的影響，覺得在家鄉沒什麼作為，於是毅然別過妻兒，離開家鄉，不知用了什麼辦法，自行去了古巴謀生，相信是買假出生證明去的，經什麼途徑前往，我不知道，但推想相當迂迴，或許由一些水客帶領，因為語言既不通，海關手續麻煩又繁複，沒有出門經驗，無法應付。

從此，宗儒夫妻分隔兩地，真是一朝分別，兩地牽掛，三字報平安空悵望。過了半年，慧蓮才收到宗儒報平安的信，當年從台山去古巴，旅途歷時大約兩個月，到達後投寄家書，郵遞轉折費時，過程漫長。信寄到慧蓮手上時，差不多半年已經過去，古人說：家書抵萬金，真是一點不錯。這事祖母晚年多次提及，說其時度日如年，遊子在外不知生死，非常擔心。

這是1920年的事，宗儒二十六歲，慧蓮二十四歲。宗儒是隻身遠赴海外，抵埗並開始工作後，就住在工作的店舖內，當時的華僑大都是這樣子，不帶家眷，因為負擔不起，也沒法辦理有關手續，連自己申報的身份也是假的。

宗儒在鄉下讀書時，有一位很要好的同窗書友，姓張，[3]宗儒出門放洋時家中上有母親，下有妻子和五個年幼兒女，共七口，於是拜托這位書友代為照顧。我們家後來經歷的一些變化，和這位張某人很有關係。

3 編註：譚震勝先生訪談時說了其人的名字，但後來考慮到此人和譚家的轇轕現在只憑譚家一方的記憶，為尊重亡者，決定隱去名字，以下只稱「張某人」。

宗儒離鄉大約兩三年後，發生了一件不幸的事。他妹妹瑞娥此時已出嫁，夫家姓梁，中秋節前幾日，瑞娥歸寧回娘家省親，一日，帶了侄兒摘星和侄女玉璇兩兄妹到鄰居處遊玩，一手拖著摘星，另一手抱著玉璇。鄰居家有位老婆婆，家裡的桌上剛好放了一碗芝麻糊，老人家看到兩個小孩來串門子，很高興，自己不捨得吃，將芝麻糊給了小孩，鄉下人不大講究衛生，一人一口地餵給摘星、玉璇吃，將整碗芝麻糊吃了。回到家後，兩個小孩晚上肚子作痛，接著暴斃，這是中秋前夕的晚上。當時的農村沒什麼醫生，醫院就更不用提了，兩個小童就這樣失救而死。鄉親父老追究此事，查得芝麻糊是媳婦煮的，準備給家姑吃，裡面可能下了老鼠藥。此事沒有報官府追查，當時也難於深究，最後是經村裡祠堂決定，將媳婦驅逐離村，這事也就這樣作結，譚家無緣無故在農曆八月十四日這一天死去一男一女兩個小童。

當時鄉間習俗，凡夭折的嬰孩兒童，不會葬在正式的墳地，而是埋在鄉下一個叫做「死仔崗」的地方，也就是一處亂葬崗。將兩個小童埋葬在死仔崗的是上述宗儒的書友張某人，下葬時我祖母黃慧蓮也跟隨去，這自然是非常淒慘的事。埋在死仔崗的都不立碑，黃慧蓮此後不時到那裡去，她認得埋葬兩人的地方，將之平整，又從附近河堤挖來泥土，拔些野草閒花，種在摘星、玉璇的埋葬處，澆水令其生長，好作美化，讓兩個孩子有個安息之處。

因為這不幸之事，黃慧蓮祖母自此之後終身不慶祝中秋，也不吃月餅，在這節日和她相伴的，只有哀傷。其後，她為摘星在家中立了神位，但過時過節在摘星神位擺放的祭品，她從來不吃。她深恐兩個死去的小孩在黃泉之下形單隻影，於是為二人辦冥婚，她打聽得有一戶姓劉的人家有一個女孩夭折，年齡和摘星相若，於是按照傳統習俗為兩人舉行冥婚，這位不在人間的劉姓女子也就成了我大伯娘。黃慧蓮又找到一家姓朱的，將玉璇嫁給他們死去的兒子。後來這姓朱的一家破落了，連居住的房子也倒塌了，黃慧蓮心裡感到不安，於是在一所庵堂裡為女兒、女婿立了靈位，希望兩人的香火不致中斷。我們遷居香港之後，慧蓮又在鑽石山的賓霞洞為朱姑爺和玉璇二姑母再立牌位，當時我們有一位女同鄉在賓霞洞出家做了道姑，這地方我小時候還去過幾次。這就是我家中秋的黯然故事。

此事發生時，祖父宗儒身在古巴，和當時其他華僑家庭一樣，我們也是只報喜不報憂，這樣的大事並沒有寫信告訴宗儒。理由是告訴了無補於事，只會令他掛心。我們的家書，一直是這樣子報喜不報憂。無論多大的事，留在家鄉的只好獨力承擔，忍受悲痛。

兩個孩子逝世後，慧蓮祖母思念不絕，無法放下，常常去死仔崗憑弔，鄉民恐怕她思念過度會變瘋，幸好過了些日子，曾祖父名寬從美國告老回鄉，他此時五十餘歲，在美國已經多年，當地生活艱苦，兒子在古巴又不願去美國，他一人孤單在外，最後決定回來，這是一九二幾年的事，準確時間無法查考了。回來台山白水後，他知道了孫子孫女的慘事，也看到媳婦的哀傷，打聽得有譚姓族人在新會買下一片地，準備建新村，於是他在這新村裡買地建了一間屋，舉家從白水遷到新會，目的是免得媳婦黃慧蓮觸景傷情。聽祖母說，他們當時是經由水路搬到新會的，坐的船叫做「長船」，但究竟是什麼船隻，我不清楚。自此之後，我們一家定居在新會，除了抗日時期因為避戰禍而短暫回去過白水外，再沒有回到台山，我自己對台山白水完全不認識。

曾祖父名寬回到家鄉後，雖然已年過五十，還再生下一個兒子，名喚宗澤，也就是我的叔公。宗澤後來和一位徐姓華僑女士結婚，婚後隨其岳丈移民去了紐約，兩人育有三子一女，再而開枝散葉，宗澤夫婦現已去世。他們一家移居美國之後，和我們甚少通訊，我們家庭後來的變化，和他們這一房也就沒有什麼關係，所以下文不會再提及他們。

父親摘相、叔叔摘匡前去古巴

如此又過了一些年頭，摘相、摘匡已經十七八歲了，宗儒祖父於是在古巴申請長子摘星前去，他不知道摘星其實早已不在人間了。名寬曾祖父和祖母慧蓮商量，決定由摘相也就是我父親代替去古巴，又吩咐摘相，抵埗後不要向父親說出慘事，等到安定下來後才將摘星、玉璇的事稟告。宗儒是幾個孩子還幼小時便離家出門，過了這麼久，兒子長大了，他不會認出究竟是摘星抑或是摘相的。於是摘相就冒認大哥摘星去古巴了。摘相當時在鄉間一間文化學校讀書，和一位姓鍾的女同學很要好，她是鄰村人，只可惜兩人未及談婚嫁，摘相就離開家鄉去了古巴。

幾經轉折，摘相抵達古巴，最後一程是海路到夏灣拿的，大概是從邁亞密登船。到岸上陸地後，他夾雜在一大堆到埗者當中，也不知如何認出父親，此時有人高叫：誰是摘星？他回答：摘星是我，如此父子才得以相認。而宗儒果然真的認不出來，以為眼前的小伙子就是長子摘星。大約一個月後，摘相按照吩咐，將八月十四日發生的事告訴他父親，説自己是摘相，不是摘星。據摘相後來回憶，宗儒聽到後，長嘆一聲，再沒説什麼話。之後他寫了一封信回家鄉，寄給我曾祖父名寬，大致是説知道了家中發生巨變，但華僑飄零海外，無能為力。換言之，宗儒祖父是在中毒案事發十多年，兒子到了古巴之後，才知道家中的變故。我自己從小時候開始，便應祖母、母親的要求代寫家書，日積月累，對於家中之事也就知得較多，印象也深刻，一些家書的內容，現在還有記憶。

摘相到了古巴大約一年後，宗儒申請三子摘匡前往古巴。他是從新會到上海，從上海到香港再去美國的，當中過程漫長而曲折，後來我向他查詢，他先後寫了兩封篇幅相當長的信將經歷和情節告訴我。[4] 摘相兄弟同在鄉間讀書，祖母説，摘相讀書不甚用功，而叔叔摘匡則入讀私塾，中文修養很好，他和我的感情也很好，因應我的詢問而寫下了這兩封長信。摘匡出門後，大姐玉瑤許配給一戶姓梁的人家，是美國華僑，未幾夫家申請她去美

4 編註：這兩封信譚震勝先生出示並給我閱讀過，我本來計劃將之作為本文的附錄，但其中一封後來譚先生無法再在家中找出來，十分可惜，另一封見於本文之末的附錄。至於譚摘匡當時何以先經香港和上海再去美國，我估計是因為要到香港辦理手續，包括接種疫苗，而當時行走美洲西岸和亞洲東岸的多為美國客輪，航線經上海、香港兩地，以保證運載足夠數量的乘客。

國，於是她就隨夫婿去了波士頓定居，往後摘相、摘匡在古巴革命後能夠去波士頓，就是因為玉瑤已在當地的緣故。

摘相、摘匡出門，玉瑤遠嫁之後不久，日本侵華，留在家鄉的名寬夫婦和媳婦黃慧蓮三人要逃難，回到台山短暫住過，再到香港，住在九龍廟街近佐敦道的地方，之後香港淪陷，糧食不足，他們又回到新會。回到新會之後，發生了兩件不幸的事，其一是祖母黃慧蓮原在台山的弟弟被日本人捉去當挑夫，說他當「挑夫」其實是我的理解，鄉民的說法是他被拉了去「擔東西」，抗戰勝利後，他沒有出現，估計是死去了。另一件不幸的事和上面提到過的張某人有關。宗儒出門時拜托他照顧家人，他也的確照顧過，摘星、玉璇中毒而死之後，是他親自動手埋葬的。他當時仍然住在台山白水，有一天，他來到新會找名寬，由於他是宗儒的同窗，故此他稱呼名寬為世伯。這位張某人向名寬世伯說白水有一塊田地要出售，這是抗戰時期，糧食艱難，這塊田可以種糧食，將收成賣掉便有收入，他勸說名寬將之買下，然後他負責找人耕作，這樣就既有糧食供應又可以有金錢收益。名寬覺得這主意很好，他從美國回來，有點積蓄，於是傾囊託付張某人去買田地，但未幾張某人回來說，售田者索價甚高，錢不足夠。名寬的太太黃銀娣(也就是我的曾祖母，她是1876年生的)，有一對陪嫁的金手鐲，逃難時埋在新會房子的地下，於是將之掘出，交給張某人。但之後他再次回來，說錢仍不足，於是黃慧蓮將自己陪嫁的金飾也拿出來，交給張某人去變賣，囑咐他說舉家已盡傾所有，請他好好議價。誰知這張某人離開後，幾個月音訊全無，但大家對他沒有疑心，相信他會辦妥。又過了大半年，仍然毫無消息，名寬開始覺得有問題，於是找了一位同村的宗兄弟陪他去白水了解一下，這是名寬最後一次重返白水。在白水，他們找到了張某人，但他支吾以對，原來他以自己的名義買下田地，隨後又將之轉售，將所得據為己有。見到名寬，他說自己走投無路，出此下策，請求名寬放過他。用今日的話說，他幹的是詐騙行為。但這是抗戰時期，處於無政府狀態，也奈不得他何，這事結果不了了之，名寬也就錢財盡失。張某人如此詐騙，或許因此難以在家鄉立足，於是去了省城，開了一間傢私店。抗戰時期生活艱難，很多人逼得變賣傢私，換取金錢餬口度日，有錢人則以低價購買這些傢私。張某人就是這樣買入傢私，將之翻新後出售以圖利，有進有出，生意也不差。名寬曾經登門討債，但他以各種理由推搪，始終不還，結果雙方反目，不再來往。抗戰期間遠在古巴的宗儒父子無法匯錢回鄉接濟，名寬夫婦和慧蓮也就變得生活困頓，幸好在鄉間還可以種點東西自給，勉強度日。當時他們吃得很多的是番薯，故此之後提起番薯他們都感到害怕，和我們如今喜歡吃烤番薯很不一樣。但名寬妻子經此打擊，氣憤成疾，不久之後去世，於是舉家又添新愁。據我祖母回憶，名寬妻子去世前還有如下的一段小故事。她是農曆十一月逝世的，之前不久，瑞娥回來娘家照料她，去世當日，瑞娥見她已經奄奄一息，問她有什麼想吃，她回答說想吃燒鵝，新會的古井燒鵝是馳名遠近的。於是瑞娥外出去買燒鵝，買好了回到家時名寬妻子已經斷氣了。由於這原因，從此之後在她的生辰及死忌日，祖母都叮囑：家祭毋忘買燒鵝。

以上是抗戰時期我家遭遇的不幸之事，不過，慣性地報喜不報憂，大家都沒有告訴身在古巴的宗儒和摘相、摘匡兄弟，他們是很多年之後才知道。宗儒得知此事後尤其感慨，輕聲嘆道：我無負於張某，張某有負於我。

張某人的悲劇下場

抗戰結束，隨之國共內戰，情況混亂，後來國民黨的軍隊和官員撤離廣東省，但共產黨仍未進駐，成了無政府的真空狀態。土匪在這情況下變得很猖獗，綁架勒索的事常常發生，綁匪會將被綁者的耳朵或手指切割下來，作為記認交到被綁者的家人，逼其交付贖金。一件慘絕人寰的事就在這情況下發生了，有一天，有人到張某人的傢私店找他，說有酸枝傢私要出售，請他去看貨，於是他帶了兒子和一個夥計一起下鄉去看貨。誰知這原來是個陷阱，他父子被土匪綁架了，囚禁在新會古兜山，這裡當時相傳是土匪集中的地方，廣東話稱之為「賊竇」。土匪要求一筆巨大的贖金，張某人的太太打算將傢私店賣掉，換得金錢來贖回丈夫和兒子。但一時未能脱手，她於是來新會我們家，請求我們不念舊惡，借錢給她。這時已是戰後的和平時期，外匯恢復，宗儒父子能夠從古巴寄錢回鄉接濟，但雖然如此，贖金數額巨大，我們沒有這麼一大筆錢可以借給她。至於當時名寬是否懷恨在心，有錢也不願幫忙，我無法確定，總之是我們家沒有出手幫助。由於遲遲無法籌得贖金，張氏父子被撕票，情況慘絕人寰。

發生這件事後，我們家庭也要承受後遺症。張某人的太太遷怒我們家，之後每逢初一和十五到我們家來咒罵，罵我們見死不救，有損陰德，咒罵我們白頭人送黑頭人，子孫不得好死之類。開始時我們還和她爭論，但後來沒有辦法，只好閉門不應。這自然是很大的騷擾，於是名寬想到當年因為兩個孫兒死了，為免觸景傷情而搬遷，今次不如也覓地避開，於是搬遷到新會縣城居住，結果錯有錯著，新住處旁邊有一間地舖，名叫九記，店外掛的是狗頭，店內賣的真也是狗肉，因為和屠夫毗鄰，旁邊的房子無人願意租住，長期空置，我們以每月兩元租下，很廉宜。張太太知道後，繼續追蹤到縣城來吵鬧，但這樣就影響到屠夫，他聲言要用刀劈她，她依然不理，還要來擾攘，結果屠夫用狗血潑向她，她這樣才停止前來騷擾。

我祖父宗儒1957年由古巴回到香港，接著申請曾祖父名寬從新會到港，名寬在香港的翌年，中風，不久之後去世，享年八十九。

祖父宗儒短暫來港

我祖父宗儒1921年離開新會去古巴，過了三十八年才第一次回來，這是1958年的事，他何以長期飄泊在外不思歸呢？我不清楚，也從未問原因。據祖母回憶，1957年時祖父宗儒在古巴看了一部香港電影，是薛仁貴和柳金花的故事，取材自薛仁貴征東小說，內容是薛仁貴婚後便去從軍，妻子柳金花獨留在鄉，相隔十多年後薛回到寒窰，夫妻相遇卻不識，薛仁貴多番試探之後，才和柳金花相認。[5]宗儒看了這部電影，生出無限感慨，突然思歸，夫妻約定在香港見面，於是，慧蓮祖母提前在1957年來到香港，翌年，夫妻終於得以再見。為此，宗儒特意在古巴買了一隻紅寶石戒指帶回來送給慧蓮。兩人見面，慧蓮說：你數數手指，數數腳趾，且看你出門多少年了；離去時是1920年，回來是1958年，這三十八年當中的寂寥，又豈是一隻戒指所能慰藉呢？夫妻重見這一年，宗儒六十四歲，慧蓮六十二歲，從前男的飄逸長衣，女的含羞答答小鳳仙裝，都已塵封，韶華逝水，無法追回。[6]

來香港後，宗儒在紅磡買了房子，一家搬進去居住。在這段日子，不知出於什麼原因，也許是傳統的農村觀念使然，也許是由於長期分隔而感陌生尷尬，我看到祖父宗儒在房間內更衣時，祖母慧蓮便出廳迴避，兩人從未一起逛街、品茗，真是相敬如賓客。在香港九個月後，宗儒想將留在古巴的積蓄取回來，於是返回古巴，但回去不久，便發生古巴1959年的政變，之後就一直滯留在古巴。也不是沒有離開古巴的機會，他在家書曾提及：

5 編註：應為《薛仁貴三戲柳金花》，據香港電影資料館記錄，此片由莫康時導演，紫羅蓮、張活游、梁醒波等主演，1957年2月在香港上映。

6 編註：宗儒從古巴帶回來的紅寶石戒指譚家一直保留，後來譚震勝先生覺得自己既沒有兒女，於是將之送給他堂弟的女兒，他堂弟一家現居美國波士頓，下文將會談及。

「年邁潦倒，無力謀生，縱使赴美，囊空羞澀，乞憐兒女，徒添羞慚。日久他鄉即故鄉，不若留在古巴終老，勿以為念。」以上辭句，不是原文，但也相去不遠，我記得相當清楚。宗儒小時候師從宿儒林殷甫，行文多用淺白文言文，其中說的「縱使赴美，囊空羞澀，乞憐兒女」，指其時摘相、摘匡兩個兒子已經從古巴去了美國，可以申請他前往，但他不欲負累兒女，寧願獨自留在古巴。

1971年農曆八月，慧蓮在家昏倒，送到醫院後甦醒過來，不斷用台山話歇斯底里地喊出難以分辨的話，細聽之下，原來反複在說：不要告訴宗儒伯，不要讓他知道……。不久之後她就離世了。大抵她認為如果宗儒以為她還在人世，便終於會回來。到了死前一刻，她還是堅持報喜不報憂，仍然盼望著丈夫會歸還。只可惜宗儒最後也沒有回來。兩人結合六十多年，可是實際相處只有九年多，兩地相隔，一個是獨守家園，一個是飄泊異鄉，是典型的華僑家庭婚戀悲歌。

1977年宗儒在古巴辭世，葬在當地。

父親摘相與母親聞嘉燁

宗儒、慧蓮之後，便是先父摘相和三叔摘匡一代的故事了。

農村人有父業子當承的觀念，男丁長大後便理所當然地追隨父輩謀生。摘相十八歲時，遠赴古巴跟隨父親宗儒工作，他本來和鄰村一位姓鍾的女子很要好，一起在文化學校讀書，臨行走別，未及談婚嫁。1950年摘相回返家鄉，只是崔護重來，雙方都年近三十歲，鍾家閨女已是綠葉成蔭子滿枝。時間往前再過四十多年，摘相去世，我在他遺下的錢包找到兩張照片，一張是妻兒的合照，另一張照片上的抱嬰女子猜想或是鍾小姐了。

鍾小姐早已出嫁，摘相只好另行擇偶。母親慧蓮與一戶聞姓人家相熟，聞家開設菜種店，有女時年十七，名喚嘉燁，慧蓮很喜歡，摘相也覺得合眼緣，於是便登門求親。這是1950年的事。摘相成婚之後，也過了幾個月歡愉的日子，但鑑於其弟摘匡也屆婚配年齡，要還鄉擇偶，而父親宗儒在古巴的生意需人打點，於是在妻子懷孕之後，便回轉古巴。起行之前一個月，摘相買來荔枝樹苗，種在本村魚塘堤畔，臨行時寄語妻子：蟬鳴荔熟，便是歸期。可惜摘相有生之年，沒有重返家鄉，每當荔枝成熟時，只教家人徒添惆悵。

到了1958年，先母親聞嘉燁帶同我到香港定居。先母來到香港，名字改為「貞潔」，這更改有點無可奈何。她從澳門到埗香港入境時，報上自己名字，但負責登記的移民官弄了很久都弄不清「燁」字，感到不耐煩，剛好之前登記的一位入境者名叫「貞潔」，他對先母說：你也就叫作「貞潔」好了，結果先母名字從此便變成「聞貞潔」，在香港的英治時期，小官員的這種行徑，也不算罕見。來到香港後，我們便住進宗儒祖父在紅磡買下的房子，一家三代一起生活了。其後古巴發生革命，我們家原有的僑匯逐漸斷絕，只得舉家節衣縮食，先母也要賺錢幫補家計，她在鄉間學過女紅，於是接些外發工作回家做，主要是為一家裁縫店手製女服用的花布紐扣，內裡用一根銅絲支撐，相當精巧。及至1967年，先父與三叔摘匡相繼到美國波士頓投靠大姐玉瑤，我們在港再有僑匯接濟。

母親來港後，先父從沒回來。及至1975年，母親病重，致電到波士頓給先父，詢問歸期，只可惜淚眼問夫夫不語，頃刻小叔摘匡接過電話，說：華僑在外賺錢非常辛苦，不是說要回家便能回家。這話傷透了母親的心，黯然下淚，當時我在旁聽到，很氣憤，如今提及此事，仍然憤怒！不久之後，母親去世，時為農曆五月初，也是蟬鳴荔熟時。母親終年四十五歲，死於抑鬱，憂思成疾，睡不安寧，食不下咽，得病之後，要長期服抗抑鬱藥。她十七歲結婚，只有過幾個月的婚姻生活，孩子還未出生，丈夫便遠去，至死未得夫妻相見。她這樣過了一生，或是華僑留守家園妻子的個別經歷。

母親病歿後，父親終生未有再娶，直至去世。

摘相在家鄉種下的荔枝樹，過了三四年之後開花結果，但我家沒有吃到這些樹上長出的荔枝。五十年代，魚塘連同基堤上的樹木歸入公社，不再屬於村民所有。後來我回鄉探親，鄉鄰還向我說：這些是你父親從前種下的荔枝樹。

父親摘相回到香港

古巴1959年革命後，摘相、摘匡繼續留在當地，但生活愈來愈艱難，此時他們的姐姐玉瑤一家已經定居波士頓多年，於是申請兩人前往，摘匡先在1967年去了，到埗後在一間皮革廠做洗刷皮革的小工，之後轉到餐館工作。先父隨後也到了波士頓，先後在多間華人開設的餐館工作。到了1979年，我從香港去美國探望他們，我是參加一個去美國的旅行團，從美西到美東，之後我自己留下，到波士頓找我父親和叔叔，這是我第一次和父親見面。此時叔叔的兒子即我的堂弟去了波士頓不久，他們三人另加一個華僑共四人租住一間房子，內裡沒有間隔，只不過每人一張床，情況和香港的公屋差不多。父親和叔叔白天在餐館工作，晚上回來睡覺，生活很單調，圈子也狹小，只和一些華僑來往，根本融入不了當地社會。我在波士頓停留了約一星期，和父親沒有什麼話可說，因為太陌生了，彼此互不認識，絲毫沒有父子相聚的溫暖感覺。父親問我要不要到美國生活，他可以辦理申請手續，我明確回答說不願意，他也沒有堅持。我未忘先母病重落淚的情景，一之為甚，不想延續這種家庭狀況，完全不考慮移居外國。不過，我不想父親客死異鄉，於是，回到香港後，開始申請父親來港定居，他已屆花甲之年，也同意回來和我一起生活。申請他來港，要證明我倆的父子關係，我用手提包將一大堆他歷年寄回來的信拿給出入境辦事處的職員看，這些信多數是郵柬，封面上的郵戳日期很清楚，證明起來也就不困難。手續辦好後，先父在1980年來到香港。

在香港，父親和我們住在一起，他將自己的積蓄帶了回來，生活上可以自理，在香港也有一些朋友，這些朋友多數和古巴有點淵源，他喜歡看電視播映的體育節目，在家中又養了一籠小鳥自娛，日子過得還可以。但我們夫婦和他同一屋簷下，相互適應也不容易，對於我們的一些生活習慣和小節，他不時有微言，我們也只好努力遷就。我們夫婦最後沒有生育孩子，多少和父親帶來給我們的生活壓力有關。1995年6月，父親中風，不久之後逝世，享年七十八歲。

叔叔摘匡和嬸嬸雅麗

接下來是我叔叔摘匡的故事。

我父親摘相1950年從新會返回古巴，原意是讓弟弟摘匡得以回鄉覓偶成家，或許是新中國成立後發生連串政治運動，令他裹足不前。一直到了1958年，他才從古巴來香港，此時他差不多四十歲了。通過媒人介紹，他在香港相親，最後和一位十九歲的少女霍雅麗結婚，翌年生下男孩。古巴革命也在這一年發生，局面從此不穩，摘匡在兒子也就是我堂弟出生幾個月後，便匆匆回去古巴，自此之後，沒有再歸來。

古巴革命後，開始管制僑匯，從當地寄出金錢愈來愈困難。我們這種依賴僑匯的華僑家庭，也就逐漸陷入困境。1962年後，霍雅麗只好到工廠打工以維持生計，當時的工廠一般朝八晚六，許多時候還要加班，她早出晚歸，甚至能夠在家中吃晚飯的日子也不多，故此與夫家關係甚是疏遠。適逢當年香港水荒，家家戶戶要貯水備用，諸多不便，霍雅麗晚上遲歸，家人要為她另作準備，好讓她回到家時能夠有水洗滌。因為她在家的時間少，年幼的兒子由祖母慧蓮及伯娘嘉燁照顧。或許是生活迫人，到了

1964年，霍雅麗留書而去，書中行文甚是恭謹，意謂：過去年間，早出晚歸，引致滋擾，深感抱歉，並蒙照顧小兒，更是感激；為免影響家人作息，已另覓居處，就此一去不回；小孩是譚家骨肉，不敢帶走，還望照料，就此辭別。

嬸嬸雅麗離去時，她兒子亦即我堂弟震華四歲。對於這樣的家庭變故，我們還是一貫地報喜不報憂，沒有寫信告訴摘匡，倒是摘匡不久便接到雅麗寄給他的訣別書，知道了情況，然後來信慰問母親慧蓮，同時寫信拜托嫂嫂嘉燁照顧小孩，請她當作多生了一個兒子。

妻子不辭而別，摘匡不願提及此事，故此在人前佯稱妻子已歿。霍雅麗留書而去，另尋新生活，其時大約二十四五歲，之後再無消息，不知所終。若是健在，推算起來，她如今應該八十餘歲了。

霍雅麗走後，三叔摘匡沒有再結婚，從此獨身。自從1967年以來，他居住在波士頓，到了1978年，他申請了兒子震華從香港去美國，震華當時剛好中學畢業，到了美國之後，繼續讀書，後來成了會計師，在美國成家立室，現在已經育有三子一女。

摘匡叔叔1958年從古巴來香港覓偶結婚時，和我一起生活了約一年，1979年我去美國波士頓和父親相會時，再次見到摘匡叔叔，他一再對我說：一生人最遺憾就是離開了家鄉，整個人生其實都不快樂，結了婚，妻子卻走了，自己在古巴奮鬥了半生，捱得辛苦，結果古巴政變，到頭來一無所有，離開古巴時身上只有二十五美元；到了美國，得到有如畜牲般的待遇，受盡欺凌，真是人離鄉賤，別人以為華僑在外國很風光，卻不知原來非常淒涼。

摘匡叔叔今仍健在，已經一百零一歲。到了這年紀，難免諸多老人慢性病纏身，他常常喃喃自語，吟誦少年時代在家鄉私塾讀過的古文辭，如「天地者萬物之逆旅，光陰者百代之過客」，「此身行作稽山土」，「人世幾回傷往事」……。[7]最近這些日子，他有一種預感，覺得自己大去之期即將來臨。這預感也有原因。1967年他離開古巴，先到西班牙，再轉到美國。抵達西班牙時，身上只有二十五美元。他當時大約五十歲，在古巴多年辛勞所得，化為烏有，他非常感慨，向上天禱告，希望上天再給他五十年，好讓他從頭又一次努力。結果，到如今，他真的多活了五十歲，完了當時的心願，他由是感到，終期應該來臨了。在波士頓，叔叔養了一頭狗相伴，平日和狗兒玩耍以及見見孫子孫女，成了叔叔暮年僅有的歡愉時刻。

尾聲

我七歲從新會隨母親移居香港，今年六十九歲，如果古巴不是在1959年發生政變，改朝換代，很大可能我會在青少年時移居古巴，跟隨父輩謀生。結果，成長過程中看到家裡幾輩人的遭遇，看到華僑家庭裡男子飄零海隅不思歸還的文化，我堅決不去

7　編註：此處所引各句出處分別為李白〈春夜宴桃李園序〉、陸游〈沈園二首〉、劉禹錫〈西塞山懷古〉。

外國工作和生活，只願意留在香港。我們華僑家庭沒有「溫馨」兩字，沒有舉家團聚的時刻，每逢節慶日子，看到別人一家喜氣洋洋，熱鬧溫暖，倍感淒清黯然。由於一家之主飄零在外，我們這種家庭很不健全，夫妻父子相隔萬里，見面無期，家人的關係很疏遠。本來擔當主角的男子既不在，母親或妻子便要獨力承受一切，遇有困難，求助無門，我曾祖母、祖母、母親三代的女性，命運就是如此。我覺得我們幾代人的經歷，恐怕也是中國近代眾多華僑家庭的寫照。

譚摘匡先生家書

編按：以下為譚摘匡先生2007年10月6日寫給譚震勝先生的信件，內中說出了當年離國出洋的若干情況，現全文逐錄。信中錯別字用()號更正，缺漏字用〔 〕號補上，一些較費解的詞語則用註釋略作說明。信內原用「.」號斷句，現改用通行的標點符號。

震勝賢侄收覽，啟者：你好。對於九月二十六日汝的來信，已在十月弍號收到，內有林行止及宋偉雄之大作，[1]一切明白。真係[2]滄海桑田，澳門彈丸之地，數十年來變化如此，真係令人不信。回首當年1937年正係蘆溝橋戰爭之年，順汝白公[3]名寬之命，和疏堂兄潮柱（亞立之父親）二人出澳門暫避。或者汝亦知道去澳門只有一個親戚，乃係澳門草堆街十七號或十八號，至今已經忘記了。乃係鞋鋪，內有兩位表哥：永堆——做鞋師傅，永靄——學徒。因為這鞋鋪的老板，其中一個乃係二位表哥之姐夫也。初抵達之時，就在鞋店寄食，自己攜去的旅費一切都交轉那位大老板（即係二位表哥之姐夫之大哥）保管。宜得[4]之時就叫

1 譚震勝先生寫信給譚摘匡先生時，偶爾會附上一些香港的剪報，供其在海外閱讀，之前寄付的一封附了林行止和宋偉雄在《信報》上的文章，內容和澳門有關。

2 「真係」為粵語，即「真的」之意。

3 「白公」為台山話用語，即「曾祖父」之意。

4 「宜得」為台山方言，即「有需要」之意。

他取，當作銀行一樣。[5]但後來住定腳，我覺得有好多不便，對老板(闆)則無所謂，但鋪中伙記，[6]自己感覺好過意不去，雖然自己每月之膳費任由老板支取，但係鋪中伙記，以為多了兩個口，明明係分薄了他們之餸菜，[7]所以自己有時連食都不敢食。於此(是)我就和二位表哥相(商)量，在一新闢地區賃了一間房居住，買些少廚房用具，自己煮食，早晚自己隨意，飯後便出街去散步。澳門有間康公廟，每日之杯卜票就在廟門口杯卜了。[8]賭博館則條條街都有，所以澳門向來有名叫做梳打埠，[9]去得到便洗清洗淨了。但我和阿杜向來不入賭場一看，現時一樣在美國所有賭博我都不感興趣。當年1937在澳門過年，至1938春天二、三月因為外感，況且當時大局又平靜好多，乃許我回家一行。搭船回家之時，我買一大包糖菓，在船頻頻食糖菓，返到家中，[10]外感咳亦已全(痊)癒。乃在新會又住了一段時間，那時飛

5 大約在信中此位置，譚摘匡加插一段落，寫在信紙頂部，內容如下：「亞勝：其中尚有好笑之處，放銀在老板處當作銀行一樣，但年尾過年之時，我去取些少銀應用，點知那大老板話：『亞表兄，真係不好意思，近日年尾賬項太急，我取汝之銀去轉動一吓，要等幾日放(方)有銀給汝。』真係有口難言，惟有唯唯答應而已。真係人見人好，唔同床唔知被穿也。」其中「些少」即「少許」之意；「點知」即「怎知」之意；「唔同床唔知被穿」即「不同睡一床不知其所蓋之被褥原來穿孔」之意。

6 「伙記」乃粵語，即「夥計」之意。

7 「餸菜」乃粵語，即「伴飯之菜」之意。

8 「杯卜」是一種占卜方式，在廣東一帶甚流行。

9 「梳打」即英文soda的音譯，當時流行以之作洗濯用途。此處意思即人到了賭博盛行的澳門，難免錢財耗盡，身無分文而回。

10 「家中」指在新會的老家。

機又開始混亂轟炸，[11]時在農曆五月初一日則在家中食糭糍，[12]即刻[13]又收拾行李，當時紹德里[14]老梁有一位叔叔做「水客」，亦即係叫做「巡城馬」，專門〔做〕代人帶信、帶雜物或者帶人出香港之工作，得知他明天起程出香港，所以叫他帶我出香港，寄居在亞瑤卿舅父家中。[15]當年九月間就失了廣州，[16]我就在1938十一月初一日(冬至)晚飯後下船去古巴了。計起來離去祖國，並非一朝一夕了。早上[17]我曾對汝講過，曾在香港求了一簽(籤)，語曰：最冷那一日就是我出國之日了。真係靈簽(籤)了。現時已是十月初天氣，本處[18]尚在70、80度華氏，聞說今年熱多涼少，看來都有些少道理。今日乃係星期六，亞東[19]夫婦一早起床在門外掃樹葉，又修補牆邊牆磚之灰泥，以防冬雪入侵。早上在昆士住「栢聞」樓，[20]一切有人打理，現時要自己動手。雖然現時亦可以叫人家代勞，但係工作不一樣，自己打理必定工作完

11 「混亂轟炸」乃原文。

12 「糭糍」乃台山方言，即「糭子」，「糍」意即「點心」。

13 「即刻」乃粵語，即「馬上」之意。

14 「紹德里」為地名，在新會縣城內。「老梁」指一位姓梁的人。

15 大約在信中此位置，譚摘匡加插了一句，寫在信紙頂部，內容如下：「所以五月初在香港食糭糍也。」

16 意即廣州淪陷，被日軍攻佔。

17 「早上」即「之前」之意。

18 「本處」指美國波士頓，譚摘匡先生現居該地。

19 「亞東」即譚摘匡生兒子、譚震勝先生堂弟，名震華，字奕東，在波士頓和譚摘匡先生一起生活。

20 昆士即Quincy，波士頓的一個區。「『栢聞』樓」即公寓大樓，英文之apartment building，美國華僑流行用此詞。

美，叫人做使去銀紙，[21]況且工作滂草[22]欠妥也。現時做妥一段，他們又去她外家食晚飯，至夜晚九點左右返來。我寫好信，或者要星期一方能寄出，看時間而定。在處各人有賴平安，祈勿念了。下次有閒再作詳談可也。順祝

在港各人安好。

三叔字

Oct. 6/07

---

21 「使去銀紙」即「花費」之意。

22 「滂草」即「草率」之意。

附錄

古巴：一頁獨特的華僑史

雷競璇

編者按：本文原刊香港中文大學中國文化研究所出版《二十一世紀》2016年4月號（總第154期），現收入本書作為附錄。

一直以來，華僑史不在我的閱讀興趣範圍之內，近年卻對古巴華僑的今昔變化，頗作了點探討，去過這遙遠的島國三次。當中因緣，說來既偶然，也欷歔。

我祖父和父親都在古巴謀生，1959年古巴革命後，他倆和其他當地華僑一樣，多年辛勤積累所得，化為烏有。結果兩人都回來香港，在此地離世。我父親尤其短壽，歿時（1968）只得四十從歲。由於這一段傷心往事，我母親不喜歡提到古巴，於是，一家人對父輩這段海隅滄桑，也就逐漸淡忘。2004年母親逝世，之後我整理她的遺物，找到保留下來的父親歷年從古巴寄回來的約二百封信。我讀了，很受觸動，於是決定去一趟古巴，嘗試找尋一下祖父、父親在那裡的足迹，2010年終於成行。時日湮遠，我尋得的片段非常零碎，卻因此目睹了當地老華僑的淒涼景況。這些老人飄零海外，流落遠方，活在近乎和外面世界隔絕的狀態，很令人感慨。之後在2013年初和年底，我再去了兩次，和大約四十位老華僑訪談，努力為他們的經歷留點記錄。從這個嘗試出發，我免不了也閱讀和古巴華僑有關的書刊文獻，於是對這一段歷史，從無到有，得到一些認識。當中經過，我在最近出版的《遠在古巴》一書中已有記述。[1]華僑足迹所至，遍及世界各個角落，各地華僑社群有不少共通之處，但因應所在地差別，每處又自有其獨特情況。研究華僑史的美國學者麥基翁(Adam McKeown，又譯麥孔)在《中國移民網絡與文化變遷：秘魯、芝加哥、夏威夷，1900–1936》一書中，便以秘魯、芝加哥、檀香山三處的華僑群體為例，探討當中分別。[2]與上述三地的華僑社群比較，古巴華僑與別不同之處有如下各項：其一，歷史悠長；其二，經歷盛衰起伏很大；其三，經歷革命，接受了社會主義改造；其四，革命後華僑社群基本保持原貌，但整體而言面臨消亡。以下分別扼要說明一下。

1 雷競璇：《遠在古巴》(香港：牛津大學出版社，2015)。

2 Adam McKeown, *Chinese Migrant Networks and Cultural Change: Peru, Chicago, Hawaii, 1900–1936* (Chicago, IL: University of Chicago Press, 2001).

一　歷史悠長

中國人最早抵達美洲大陸，應在明朝末年。隆慶五年(1571)，西班牙人佔領菲律賓之後，開始有中國人乘坐西班牙大帆船從該地出發，橫越太平洋前往美洲，目的地主要是墨西哥的西岸，相信當中有人再輾轉抵達古巴，但記載稀少，難以細究。清道光二十七年(1847)，兩艘船隻"Oquendo"號和"Duke of Argyle"號將五百多名華工運抵夏灣拿(Havana，如今一般譯作哈瓦那)，古巴華僑的歷史就從此時正式開始。[3]不久之後美國西海岸發現金礦，引發淘金熱潮，加州成為中國人前往美洲的另一個熱門目的地。十九世紀中國人前赴加州，主要是乘坐船隻越過太平洋，航程約兩個月；但要前往位於美洲大陸東側的古巴，由於當時巴拿馬運河還未興建，須經由印度洋、好望角、大西洋再進入加勒比海才能到達夏灣拿，航程約需四個月。孤懸天際、遠隔重洋的古巴竟然成了中國人在美洲大陸最早的落腳點和聚居地，説來也是一樁歷史奇緣。

自1847年五百多名華工抵達古巴，之後便絡繹不絕，二十多年間共約十四萬中國人被販運到此島，形成了整個美洲大陸最為龐大的華僑群體。在古巴島上，中國人也成為了西班牙裔人、非洲黑人之後的第三大社群。自此之後，中國人就成了古巴社會的一部分，從未間斷，延至今日，已經超過一個半世紀。東南亞

3　Duvon C. Corbitt, *A Study of the Chinese in Cuba, 1847–1947* (Wilmore, KY: Asbury College, 1971), 6.

地區由於和中國鄰近，國人出洋聚居，以此地區為時最早，其次就是古巴了。路程如此遙遠，交通如此不便，古巴竟然早在十九世紀中期便已出現一個龐大的華僑群體，說來也令人稱奇。中國人聚居古巴源遠流長，超過一個半世紀未曾中斷，可說是古巴華僑的一個獨特之處。

二　跌宕起伏一個半世紀

中國人在海外聚居和謀生，一般情況是：人數逐漸增加，生活逐漸安定，經濟狀況和社會地位逐漸改善。其中當然也有例外，如1960年代印尼華僑因為所在地的政治變動，幾乎遭遇滅頂之災。中國人在古巴超過一個半世紀，其經歷的獨特之處，在於遭逢了很大的起伏，盛衰之間，差異懸殊。

一個半世紀的古巴華僑史，大略可以分為三個階段：1847至1874年是第一階段，可稱為萌芽期，華工是此階段的主角；1875至1959年是第二階段，也是古巴華僑社會的繁榮期；1959年至今是第三階段，華僑社會在此階段進入消亡期。

1847至1874年這二十七年是古巴華僑史的第一個階段，此期間被販運到古巴的華工超過十四萬人。「華工」在中國民間的說法是「豬仔」，絕大部分是被騙、被拐甚至被綁架、被擄掠而去的，這是一頁令人沉痛的人口販賣史。以種植甘蔗、煙草、咖啡為主的古巴，勞動力本來依賴非洲黑奴，十九世紀初歐洲興起禁奴運動後，古巴勞動力缺乏，於是轉向中國尋求勞工。這裡說的「華工」，英文一般作“coolie”，此字有時譯作「苦力」，學術用語為“indentured laborer”，即「契約勞工」。這些華工名義上手持一份契約（一般為八年）前往古巴當傭工，但到達後實際成了奴隸，所得待遇往往還不如非洲黑奴。這些華工絕大部分在年輕力壯時出洋，一成多在漫長的航程中因缺糧缺水、被虐被囚或海難等原因死去；抵達古巴的，半數在五年內亡故，主要由於勞動過於繁重以及種種不人道待遇。華工販運在1874年結束時，十四萬多華工中仍存活的只有六萬餘人。對於這一段相當可怕的歷史，外國的研究頗多，有好幾種英文、西班牙文專著，部分由博士論文改寫而成。[4]中文研究則甚少，較可觀的只有已故台灣學者吳劍雄的《十九世紀前往古巴的華工（1847–1874）》，以及中國年輕學者袁艷的《融入與疏離：華僑華人在古巴》。[5]慘無人道的華工販運得以在1874年結束，和清政府派遣大臣陳蘭彬到古巴調查華工狀況有關，這是中國近代外交史上的大事。由於華工在

4 英文論著參見Lisa Yun, *The Coolie Speaks: Chinese Indentured Laborers and African Slaves in Cuba* (Philadelphia, PA: Temple University Press, 2008); Arnold J. Meagher, *The Coolie Trade: The Traffic in Chinese Laborers to Latin America, 1847–1874* (n.p.: Xlibris, 2008); Benjamin N. Narvaez, “Chinese Coolies in Cuba and Peru: Race, Labor, and Immigration, 1839–1886,” (Ph.D. thesis, University of Texas at Austin, 2010)；西班牙文論著參見Juan Pèrez de la Riva, *Demograf ìa de los cul ìes chinos 1853–1974* (La Habana: Pablo de la Torriente Brau, 1996); *Los cul ìes chinos en Cuba* (La Habana: Ciencias Sociales, 2000)。

5 中文論著參見吳劍雄：《十九西紀前往古巴的華工（1847–1874）》（台北：中央研究院三民主義研究所，1988）；袁艷：《融入與疏離：華僑華人在古巴》（廣州：暨南大學出版社，2013）。

古巴、秘魯等地的悲慘狀況逐漸為世所知，引起國際注意，清政府不可能再坐視不理，最後決定派遣官員前往調查。同治十二年(1873)，陳蘭彬到了古巴，停留近兩個月，對數以千計的華工進行調查，之後寫成報告，呈交總理衙門。[6]報告的正文還譯成英文和法文，以便向外國發布。清政府據之和當時統治古巴的西班牙交涉，終於迫使西班牙終止販運華工出洋的勾當。派遣官員出國調查國民在海外的待遇，並據之進行外交交涉，這在中國歷史上是破天荒第一次，對當時深受列強壓迫的清政府來說，此舉尤其難得。而成就此一創舉的，是華工在古巴的苦難。

1875年，古巴華僑史便進入一個新階段，此階段一直延續到1959年古巴發生革命為止。華工販運雖然結束，但留在古巴、無法回國的華工還有幾萬人，大部分因為契約期未滿，不能自由行動和擇業，於是，清政府不得不考慮如何保護這些僑民的問題。其結果就是1879年在夏灣拿設立總領事館，並在華人數目眾多的另一古巴城市馬丹薩(Matanzas)設立分館。第一任總領事是廣東人劉亮沅，在陳蘭彬擔任首位出使美國、西班牙、秘魯三國大臣時，他參與過有關工作。第一任駐馬丹薩領事是香港人陳善言，皇仁書院畢業，在古巴任滿後到北京清政府任職。劉、陳兩人到達古巴上任後，積極開展護僑工作，貢獻甚多。中國終於形成積極的僑務政策，在海外設立領事館，很大程度源於華工在古巴的悲慘命運，古巴在華僑史上具有獨特的地位，這是原因之一。

6　陳蘭彬等：《古巴華工調查錄》(上海：上海書店出版社，2014)。

此階段開始時，在古巴的數萬華僑，大部分是八年契約工期未滿的華工，小部分契約期已滿的，可以自由擇業和行動，一般成為了自僱的小商販——肩挑兩個籮子，沿街叫賣水果菜蔬或其他生活雜貨，這種小販形象在古巴深入民心，彷彿成了早期華僑的標誌。由於他們收入微薄，當時有經濟能力返回中國的千中無一，絕大部分老死當地。前一階段被販運到古巴的華工，幾乎全部是男性，他們當中能夠和古巴女子結婚的為數極少，大多數無法成家立室，孤身而歿。於是，隨著這些華工的老去和死亡，古巴華僑的數目就逐漸下降，到了二十世紀初，人數只得萬餘名。之後在1919至1925年間，約三萬名中國移民進入古巴，從此時開始直到1959年古巴革命，古巴華僑的總數徘徊在三至五萬之間。[7]新增的華僑人口，部分來自美國，這是因為美國的排華政策使原本在加州等地的華僑遷移到古巴。這批華僑具備較雄厚的財力，也有較豐富的商業經驗，夏灣拿和古巴各城市漸漸形成華僑社區及相關的經濟活動，與這些美國華僑的到來很有關係。此外就是從中國前來的華僑，一直以來以廣東四邑人為主，多數是因為家鄉生活困難，到海外謀出路。古巴對華僑入境的政策時寬時緊，但由於官員普遍貪污，即便在厲行排華的時期，中國人還是不難找到門路進入古巴。晚清和民國時期，中國在古巴的使館也發揮了一定的護僑作用，好幾位大使或領事深受華僑稱讚，如淩冰、袁道豐、李迪俊。

7　袁艷：《融入與疏離》，頁99。

古巴華僑人數雖然不及前一階段多，但由於他們可以自由擇業和經商，逐漸積累了財力，各城市的華僑社區日益興旺和活躍。1937年，古巴中華總會館調查全古巴的華僑商業狀況，記錄得各類店鋪共3,800餘間，資本總額為390萬美元，其中以雜貨店、水果店、洗衣館和西餐廳為數最多，遍布古巴各大小城鎮。[8]華僑社區的興旺活躍，又在社團數目、報刊出版和娛樂事業等方面得到反映。據1945年的僑刊《華僑先鋒》報道，當時古巴全國有一百三十多個華僑社團，當中四十餘個在夏灣拿，其餘分布各城鎮，包括同鄉會、宗親會、職業團體、會黨、業餘愛好團體等，另國民黨分別在十五個城鎮設有支部或分部。報刊方面，1959年古巴革命前，有三份每日出版的中文報章，分別為1912年創刊的《華文商報》、1921年創刊的國民黨機關報《民聲日報》，以及洪門民治黨在1922年創辦的《開明公報》。從1930年代開始，夏灣拿華僑社區內主要有三間電影院經營，分別為新大陸、金鷹和新民戲院，前兩者各有1,500個座位，後者也有1,200個，每日不停播映中文影片，主要是香港攝製的粵語片，間中上演粵劇大戲。此外還有四個能演粵劇的戲班，演員中唱旦角的古巴女子何秋蘭（Caridad Amaran）如今仍健在，網上可找到她唱粵曲的紀錄片。何女士近年來過香港，雖然已經八十多歲，唱起曲來還是板眼分明，很見功底。[9]第二次世界大戰結束後，古巴華

8　袁艷：《融入與疏離》，頁104–106。

9　袁艷：〈古巴中國戲院的歷史變遷——從表演木偶戲、粵劇到放映電影〉，《拉丁美洲研究》，2011年6期，頁37–42。

僑社會進入鼎盛期，出現較大型的企業如辦館、農莊等，小資本經營的店鋪比之前更多。據老華僑回憶，此時期在古巴謀生比在美國容易，古巴披索幣值和美元相等，古巴社會對華僑的歧視比美國少，可說是古巴華僑史上的黃金時期。之後的變化是中國大陸1949年變天後，逐步限制國民出國謀生，前來古巴的華僑日少，1954年後基本中止，相應地在古巴的華僑也因為恐懼共產中國，很少返回家鄉，古巴華僑變成孤懸海外的群體，再無新血補充。

1959年古巴革命對當地華僑來說，是由盛而衰的轉捩點，從此之後，基本上再沒有華僑到來，原有的陸續離開，留下來的則日漸衰老和死亡，古巴華僑群體進入萎縮、消亡期，這可說是古巴華僑史的第三階段。

古巴革命勝利之後，實行社會主義制度，所有私營店鋪被收歸國有，古巴華僑從此陷入困難處境，當中有能力的離去，餘下的接受古巴革命政府的改造，人數不斷減少。1961年，中華總會館在全島進行華僑登記，次年公布結果，共登記華僑9,002人，其中男性8,771人，女性231人。[10]我父親當時在古巴，也參加了登記；我到古巴時，從中華總會館的檔案中找到了他的登記文件。不過由於諸多原因，這次登記不算全面和深入，但所得結果也反映了古巴華僑人數縮減的趨勢；而到了半個多世紀後的今天，終於到了即將消亡的境地。

---

10 袁艷：《融入與疏離》，頁212–13。

2010年12月我第一次到古巴時，看到的夏灣拿華僑社區非常殘舊破敗，全古巴只剩下約三百名華僑，都垂垂老矣，境況淒涼。2013年1月我再到古巴時，老華僑告訴我，他們只有約二百人，該年年底我第三次到古巴，得知餘下華僑只有大約一百五十人，是個即將消失的群體。

華僑在古巴這一個半世紀，經歷了很大的起伏跌宕，以悲情開始，也以悲情終結，令人欷歔。

三　五十多年的革命改造

革命和古巴華僑之間有一種奇特的因緣，和其他地方的華僑群體相比，古巴華僑捲入當地政治的程度相當深。1868年古巴爆發第一次獨立革命戰爭時，古巴島東部很多華工加入革命軍，還以驍勇善戰而揚名。之後的幾次革命戰爭都有不少華僑參軍，其中胡德(José Bu)因為戰功彪炳，在1902年古巴獨立成功後，破格獲得參選總統的資格，是當時得到如此特殊待遇的五名外國人之一。[11]古巴華僑此一革命傳統，主要源於華工、華僑在當地處於社會底層，參軍作戰往往能為他們提供出路。此外，晚清太平天國失敗後，部分廣東籍軍人流亡到古巴，也推動了華僑當兵的風氣。古巴政府為紀念華僑的貢獻，1931年在夏灣拿豎立「旅古華僑協助古巴獨立記功碑」，其上鑄刻的兩句西班牙文“No

11　Kathleen López, *Chinese Cubans: A Transnational History* (Chapel Hill, NC: University of North Carolina Press, 2013), 117.

hubo un chino cubano desertor, no hubo un chino cubano traitor"（「沒有一個古巴華人是逃兵，沒有一個古巴華人是叛徒」）在當地近乎家喻戶曉，也常常被研究古巴華僑史者引用。

由於有這樣歷史的淵源，到了1950年代卡斯特羅（Fidel Castro）發動革命時，不少華僑、華裔加入，當中最知名的是崔廣昌（Gustavo Chui Beltrán）、蔡國強（Armando Choy Rodríguez）和邵正和（Moisés Sío Wong）三位，他們後來都晉升為將軍，而且都是在古巴出生的第二代華裔。[12]古巴革命前夕，支持、響應革命的華僑、華裔，組成黃淘白民兵隊和古巴華僑社會主義大同盟，並且在革命勝利後從國民黨手上奪取了對華僑社會、團體的控制權。我在古巴時曾和趙肇商、吳帝胄訪談，他們都是黃淘白民兵隊的成員，經歷了這一段從革命到奪權的過程。[13]雖然有如此激進的一群，但大部分華僑還是以謀生為主，迴避政治，只是革命後的古巴，令他們墮入社會主義改造的深淵。

古巴革命後，留下來的華僑別無選擇，只得接受社會主義制度的改造，他們經歷的一段適應過程，在其他地方的華僑群體很少見。袁艷在上述《融入與疏離》一書中談及此事，根據古巴華文

12 參見Mary-Alice Waters, ed., *Nuestra historia aún se está escribiendo: La historia de tres generales cubano-chinos en la Revolución Cubana* (New York: Pathfinder, 2005)。我到古巴和老華僑訪談時，與崔、蔡兩位將軍見過面，邵將軍在2010年去世，無緣識荊，只見到其遺孀。

13 關於趙肇商和吳帝胄的介紹，參見雷競璇：《遠在古巴》，頁201–205、252–59。

報章刊載的資料，認為是個「被整合和融入」的歷程。[14] 我到古巴和老華僑訪談，他們也説到這段歷史，總結起來，主要變化如下：

> 古巴革命後，開展土地改革，將私人土地收歸國有，分配給農民，在農村建立合作社。華僑很少擁有土地，此舉本來對他們打擊不大，但合作社建立後，完全改變了農產品的供銷關係。雜貨業是最多華僑從事的行業，店鋪的貨源被中斷，經營困難，於是損失慘重。隨後，古巴政府推行國有化政策，將私營企業收歸國有，華僑經營的各式店鋪陸續被充公。將私營企業收歸國有時，政府本應作出賠償，但對有關企業要先進行嚴格的賬目和經營審查，華僑的店鋪一般存在逃稅瞞稅或僱用黑工等情況，結果被審查後不是資不抵債，就是還要向政府補納稅款。我在古巴訪談過的老華僑中，好幾位在革命前經營店鋪，但沒有任何人得到過賠償；被清算後，大家只能重新出發，當國家的職工，領取政府規定的工資。

與此同時，古巴進行貨幣改革，廢除舊披索，發行新披索，政府規定國民在兩天之內將所有款項存入銀行，並將存款凍結，每人只能定期提取若干，作為生活補貼之用。華僑一般有一定積蓄，但不習慣存入銀行，很多華僑對政府的貨幣改革持觀望態度，沒有遵從規定，結果鈔票成了廢紙，積蓄化為烏有。國有化加上貨幣改革後，華僑社會長期積累而得的財富蕩然無存，人們只能以無產者的身份，在社會主義配給制度和政府的住房、醫療、教育、養老等保障措施下繼續生活，直至如今。

14　袁艷：《融入與疏離》，頁 177–221。

不過，對華僑打擊最大的是僑匯問題。華僑出洋謀生的主要目的是將金錢匯回家鄉接濟親人。古巴革命後，為了防止資金外流，政府收緊了匯款措施，華僑匯款出國愈來愈困難，初期還可以通過黑市兑匯，後來政府嚴厲打擊，黑市也都中斷。

1960年9月，古巴和中國建交，之後兩國談判訂立商務條約，翌年古巴允許恢復僑匯，但華僑只能匯錢給在中國大陸的家人，不能匯到香港或其他地方，而且每年匯出的總額設有上限，須根據親疏關係規定數目，如可向父母妻子每人每年匯出270美元，由古巴中華總會館統一辦理。僑匯的恢復，舒緩了華僑的困境，但經歷了國有化和貨幣改革後，華僑大都陷入貧困境地，再無能力接濟家鄉親人。

我父親於1966年決定離開古巴，我們得從香港匯錢給他購買機票才能回到香港，正是此情況的寫照。為數眾多的華僑，既無能力離開，也無顏面回鄉，只能流落古巴，終老海外。

古巴革命後，美國採取吸納古巴僑民的政策，先後有為數達一百萬的古巴人去了美國定居，當中有一些是入籍古巴的華僑，但具體數目無從確定；也有一些去了中南美洲其他國家或者來了香港。古巴和中國建交後，兩國有海上貨運往來，中國貨輪回國時，經中國大使館安排，也可以運載若干華僑回鄉定居，但古巴政府規定：華僑離開，不能攜帶金錢。是以革命之後雖然有華僑離去，但畢竟是少數，大部分仍留在古巴，適應新環境，苟延殘喘。

四　早期面貌　至今未改

「華僑」一詞，歷史學者王賡武認為在中文著作中用得太浮泛，指涉往往不夠清楚。他從歷史角度出發，提出「華僑」主要是民國時期出洋謀生的中國人，他們屬中國籍，在海外受中國政府保護，一般不打算在僑居地永久停留，錢賺足或者年老時會返回故鄉。在此之前，中國人出國有「華商」和「華工」兩個階段，前者較早，主要是粵、閩兩省人士到南洋一帶，以經商為主；後者則從鴉片戰爭前後開始，被招聘或被販運到海外當勞工。「華商、華工、華僑」這三個階段之後，可稱為「華人」階段，他們具有中國血統，但不是中國公民，也不會返回中國定居，故此不可以稱為「僑民」。[15]以此分期或分類法，本文論述的是華工和華僑。在古巴，由於華工、華僑歷史悠久，留下的後裔頗不少，一般估計約佔古巴人口總數百分之一。但這數以萬計的古巴華裔或華人不在本文討論範圍之內，我在這方面也沒有做過甚麼研究。

分散世界各地的華僑、華人社群，近半個多世紀以來出現很大的變化，原因是中共建國後，移民海外者大為減少，海外華僑、華人和祖家的關係愈來愈疏遠，在缺乏新成員補充下，這些群體主要靠內部繁衍，之後也有來自台灣、香港的移民，改變了海外華僑、華人社群的組成結構。從1980年代開始，隨著中國大陸改革開放，再有新移民從大陸移居海外。

15　Wang Gungwu, "The Origins of Hua-ch'iao," in *Community and Nation: China, Southeast Asia and Australia* (Sydney: Allen and Unwin, 1992), 1–10.

華僑、華人社會因而呈現一種不斷新舊更替的情況，較早期華僑群體的面貌慢慢被取代，漸次消失。

然而在古巴，由於1959年後再沒有新移民進入，華僑社群保持原貌，基本上沒有什麼變化，這是我到古巴調查研究時最感到驚訝的一面，其情況大致如下：

其一，男性為主，女性極少。這些男華僑都在青壯年時期出洋，少數已在故鄉結婚，沒有攜帶家眷，這當中既有傳統觀念的原因，也有實際的經濟困難。古巴女華僑人數較多的時期，是在二戰之後到古巴革命這大約十年間，但比例也不會超過百分之五。至於在古巴積累了點錢，得以回鄉成家立室的華僑，婚後也是隻身返回古巴，繼續工作並匯錢回鄉接濟親人。此外，如前所述，在古巴能夠和當地女子結婚的為數也不多。故總體而言，這是個由單身男性組成的社群，相當一部分終身未婚，沒有自己的家庭和子女。我訪談過的老華僑，正是如此面貌。

其二，絕大部分屬於中國社會的低下層民眾，以農民為主，受教育不多，因為家鄉生活艱難而出洋謀生。出洋的手續一般靠在古巴的親戚或同鄉辦理，有關費用也由後者墊支，抵達後便靠這些親戚、同鄉安排工作，然後償還款項，往往要償還十數年才能償清。他們在古巴安頓以後，亦以同樣方式安排他們的親戚、同鄉前往古巴打工，可說是一種接力式的移民關係。因此之故，社群出現一種高度的地域同一性，同鄉之間互相引介扶持。古巴華僑七八成是廣東四邑人，其中屬台山、開平兩地的尤其多，我在古巴和老華僑訪談，沒有遇見來自台灣、香港者，也沒有遇見不屬廣東籍者。

其三，工作集中於幾個行業，主要是雜貨、洗衣和餐館，都是小本經營，僱用的工人很少，這和上述的親戚、同鄉之間互相接引有關。開店鋪的華僑安排親戚、同鄉來古巴，往往讓到來者在自己店鋪工作，再從他們的應得工資中扣回墊支的款項。他們吃、住就在店鋪內，所得大部分用於償還墊支款項，小部分匯回家鄉，自己能支配的非常有限。這是古巴華僑直到1959年的情況，之後隨著社會主義制度的建立才有所改變。

其四，出洋後很少有機會返回家鄉。我訪談過的古巴老華僑當中，有一位名叫馬持旺，台山人，1949年到古巴，由已在當地居住的父親協助辦理移居手續，之後從未回鄉，2015年已經九十五歲。這是古巴華僑的常見情況，能夠有幸回過家鄉的，多數因為改革開放後得到中國駐古巴使館的協助，才能返回家園。這反映了上一輩華僑「離鄉難，回鄉更難」的景況，當中既有盤纏欠缺的原因，也有自感顏面無光的原因。

其五，家鄉觀念濃重，例如對籍貫非常重視，講究同鄉關係，對來自家鄉的消息很關心。此外，遠徙海外的目的主要是將所得金錢匯回故鄉，接濟家屬和親戚。僑匯問題因而最為華僑關心，華僑社會也就發展了種種「駁匯」方式——不必經由正規的金融機構（如銀行）而能夠將金錢匯往中國。[16]僑匯最後在古巴中止，是1990年代的事。

---

16 參見袁丁、陳麗園、鍾運榮：《民國政府對僑匯的管制》（廣州：廣東人民出版社，2014），頁33–63。

其六，保留了昔日的語言習慣。由於孤懸海外超過半個世紀，其間和外面世界極少聯繫，近幾十年來形成的中文詞彙，不見於古巴華僑的談話中，他們的語氣和發音也依然是從前的模樣。古巴華僑以台山人居多，他們所説的台山話彷如我小時候祖父、祖母輩説的台山話，這種音調的台山話今日在台山也很少聽得到，因為隨著廣播、教育的普及和人群頻密的交往，如今台山地方的方言已深受廣東話、普通話的影響，反而在古巴的台山華僑還保留了早年的鄉音。

以上種種，都令古巴華僑如同海外華僑社群的「活化石」，他處已經消逝的情狀，在古巴還保存著，而且相當完整。我到古巴和老華僑訪談，目的就是希望為他們的面貌和經歷留點記錄，他們都屬於基層民眾，文化教育水平有限，沒有意識也沒有能力這樣做。

五　結語

在廣義的「華僑史」上，古巴佔有獨特的地位，作為移民群體的古巴華僑，擁有眾多與別不同之處，本文嘗試從四個方面論述這些不同。研究華僑史的英國學者班國瑞（Gregor Benton）提到，古巴華僑創造了好幾個「第一」，包括：在西方世界最早建立一個龐大的移民群體，令古巴成為清政府在對外關係上第一個取得突破的地方；陳蘭彬到古巴對華工進行調查，開了中國外交的先河，古巴成為清朝最早建立領事館進行護僑工作的地方之一；古巴1902年獨立，清政府是最早承認其獨立並派遣使節的國家之一；辛亥革命後，古巴也是最早承認中華民國並取消中國移民限制的國家之一；1959年古巴革命後，中古建交，古巴成為中華人民共和國在整個美洲大陸第一個外交夥伴。以上諸多「第一」，背後都有古巴華僑這個因素。[17]

2015年9月，周卓明先生從古巴來到香港，他祖籍中山，在古巴出生，擔任中華總會館的秘書超過四十年。我到古巴調查研究時，他給予很大幫忙。他告訴我，古巴華僑剩下只有一百二十人左右，指的是從中國前往古巴而現今尚在者，聞之欷歔。古巴從1990年代開始也嘗試開放和改革，和中國的關係大有改善。中國向古巴派遣了數千名留學生，前往古巴的技術、商貿人員為數也不少，將來或會更多，估計中國人在古巴會再次形成一個重要的社群，但這個社群的面貌和從前的華僑恐怕完全不同了。

17 Gregor Benton, "China, Cuba, and the Chinese in Cuba: Emigration, International Relations, and How They Interact," in *China and International Relations: The Chinese View and the Contribution of Wang Gungwu*, ed. Zheng Yongnian (London: Routledge, 2010), 158.